Anselm Grün

Das kleine Buch der wahren Liebe

Anselm Grün

Das kleine Buch der wahren Liebe

HERDER

FREIBURG · BASEL · WIEN

Herausgegeben von Rudolf Walter

www.herder.de

Satz: Arnold & Domnick, Leipzig
Herstellung: fgb · freiburger graphische betriebe
ww.fgb.de

Gedruckt auf umweltfreundlichem, chlorfrei gebleichtem Papier
Printed in Germany

ISBN 978-3-451-30489-7

Inhalt

Einführung

„Wir alle müssen das Leben meistern. Aber die einzige Art, das Leben zu meistern, besteht darin, es zu lieben." George Bernanos, der französische Dichter, hat das gesagt. In diesem Buch möchte ich einige Gedanken über die Liebe darstellen, die mir für mein eigenes Leben und für die Menschen, die ich in ihrer seelischen Not begleiten darf, wichtig geworden sind. Wenn Menschen mir ihre Nöte schildern, dann erkenne ich als Ursache oft den Mangel an Liebe, den sie in ihrer Kindheit erfahren haben oder den sie jetzt gerade in ihrer Umwelt erleben. Aber müssen wir uns mit dem Mangel an Liebe abfinden? Können wir nichts dagegen tun? Sind wir dem einfach ausgeliefert?

Sicher fällt es mir nicht leicht, mein Leben zu lieben, wenn ich bisher zu wenig Liebe erfahren habe. Aber es geht eben nicht nur um die Liebe, die wir von außen erfahren. In jedem von uns ist die Sehnsucht nach Liebe. Auch wenn wir wenig Liebe erlebt haben, wissen wir in unserer Seele, was Liebe meint und wie sie sich anfühlt. In der Sehnsucht nach Liebe ist schon Liebe, da spüren wir schon etwas von ihr. George Bernanos meint nun, es sei auch eine Entscheidung für die Liebe nötig, um sein Leben zu meistern. Ich entscheide mich, mein Leben zu lieben: Diese Entscheidung lehrt mich, mit neuen Augen auf mein Leben zu schauen und seinen Wert zu sehen. Ich bin dankbar für das Leben, das ich leben darf. Ich bin einmalig. Ich strahle etwas aus in diese Welt. Und ich entscheide mich dafür, eine Spur der Liebe einzugraben. Das Leben lieben, heißt vor allem, es annehmen wie ein kostbares Geschenk, das ein lieber Mensch für mich ausgesucht hat. Weil mein Leben Ausdruck der Liebe Gottes ist, nehme ich es in Liebe an, versuche ich, es selbst zu lieben.

Wenn wir von der Sehnsucht nach Liebe sprechen, meinen wir normalerweise die Liebe zu einem Menschen. Wir alle sehnen uns danach, zu lieben und geliebt zu werden. Auch da ist unsere Fähigkeit zu lieben oft abhängig davon, wie wir die Liebe von Menschen erfahren haben. Aber es gibt kein Leben, ohne dass wir etwas Liebe erfahren haben. Schon die Tatsache, dass wir da sind, entspringt einem Liebesakt unserer Eltern. Auch wenn es vielleicht nicht reine Liebe war, so war ganz bestimmt Liebe dabei. Als Kind haben wir Liebe genommen von unseren Eltern. Vielleicht war ihre Liebe nicht so groß, wie wir sie erwartet haben. Aber Liebe haben wir ganz sicher bekommen. Es gilt, diese Liebe, die wir als Kind genommen haben, auch heute dankbar zu erinnern. Die Erinnerung an diese Liebe macht uns liebesfähig.

Es ist kein ehernes Gesetz, dass wir nur soviel Liebe geben können, wie wir empfangen haben. Weil wir in der Tiefe unseres Herzens wissen, was Liebe ist, sind wir fähig, sie auch andern zu schenken, und mehr zu schenken, als wir empfangen haben. Indem wir sie schenken, werden wir nicht ärmer an Liebe. Im Gegenteil, durch das Lieben wird die Liebe in uns vermehrt. Indem wir

Menschen lieben, wird die Quelle der Liebe, die auf dem Grund unserer Seele strömt, ansteigen und immer mehr unser Bewusstsein durchdringen. So werden wir, indem wir lieben, zu liebevollen Menschen.

Dietrich Bonhoeffer, der im Dritten Reich wegen seines Widerstands gegen das Regime hingerichtet worden ist, fasst als Essenz seines Lebens zusammen: „Aller Sinn des Lebens ist erfüllt, wo Liebe ist." Wir gedenken dieses großen Mannes heute wegen seines Einsatzes gegen die Diktatur. Doch er ist selbst davon überzeugt, dass seine Lebenshingabe nur dann wertvoll ist, wenn sie aus Liebe geschieht. Er teilt die Überzeugung des hl. Paulus, der in seinem Hohenlied der Liebe schreibt: „Und wenn ich meine ganze Habe verschenkte, und wenn ich meinen Leib dem Feuer übergäbe, hätte aber die Liebe nicht, nützte es mir nichts." (1 Kor 13,3) Der Sinn unseres Lebens ist erfüllt, wenn wir unser Leben aus Liebe hingeben. Die Liebe ist das eigentliche Kriterium, ob mein Leben wertvoll und sinnvoll ist.

So wünsche ich Ihnen, liebe Leserin, lieber Leser, dass Sie durch die Gedanken in diesem Buch in Berührung kommen mit Ihrer Sehnsucht nach Liebe. Vertrauen Sie darauf, dass in Ihrer Sehnsucht nach Liebe schon Liebe ist. Ich möchte Ihnen nichts völlig Neues sagen. Ihre Seele weiß genau, was Sie für das Leben brauchen. Ihre Seele weiß, was Liebe ist. Aber manchmal brauchen wir einen Impuls, um das, was unsere Seele in ihrer Tiefe spürt und weiß, wieder ins Bewusstsein zu heben, damit

uns dieses innere Wissen der Seele auch in unserem ganzen Denken, Reden und Tun prägt.
Die Liebe, die in der Tiefe unserer Seele wie eine Quelle strömt, muss angesprochen werden, damit die Quelle höher steigt und für uns und für die Menschen um uns herum spürbar wird.

Trauen Sie der Liebe, die in Ihnen strömt. Die Bibel sagt uns, dass diese Quelle der Liebe eine göttliche Quelle ist, die nie versiegt. Aber die göttliche Quelle braucht die Erfahrung menschlicher Liebe, damit sie nicht abstrakt und farblos bleibt, sondern ausstrahlt und unser Herz wärmt und erfreut. Und wenn Sie darunter leiden, dass Sie zu wenig Liebe erfahren, dann gehen Sie durch alle Schmerzen, die der Mangel an Liebe in Ihnen auslösen, hindurch, um auf dem Grund Ihrer Seele die Liebe zu entdecken, die unter aller Traurigkeit, unter allem Leiden da ist wie eine unversiegbare Quelle. Sobald wir in Berührung kommen mit dieser Quelle, steigt sie an und erfüllt unseren Leib und unsere Seele mit einem neuen Geschmack: mit dem wunderbaren, süßen Geschmack der Liebe.

1. Kraft, die uns bewegt

Das schönste Geschenk

Die Liebe ist das schönste Geschenk, das Gott uns ins Herz gesenkt hat.

Der Mensch findet die Liebe einfach vor. Sie ist ihm gegeben. Er erfährt sie, ob er will oder nicht. Sie kann ihn krank machen oder verzaubern. Sie ist wie eine Glut, die in ihm brennt. Sie ist wie ein Strom, der ihn mitreißt. Liebe ist dabei nicht nur die Liebe zwischen Mann und Frau, sondern auch die Liebe zu den Kindern, die Liebe zu den Menschen, die Liebe zur Natur, die Liebe als Grundstimmung und Haltung, die all unser Denken, Fühlen, Wollen und Handeln prägt und die Liebe zwischen Gott und Mensch.

Man kann die Liebe weder als Gefühl noch als Willensakt bezeichnen. Sie scheint eine eigenständige Macht zu sein, die im Herzen des Menschen wirkt und all seine Beziehungen betrifft. Die Liebe ermöglicht eine neue Lebensqualität, eine neue Selbstwahrnehmung. Sie verwandelt den Menschen und verleiht ihm eine eigene Ausstrahlung.

In der Liebe daheim

Jeder Mensch sehnt sich nach Zuwendung. Es ist der ursprüngliche und elementare Wunsch des Kindes, dass sich der liebende Blick seiner Mutter ihm zuwendet und ihm zulächelt. Diese Urerfahrung, die dem Kind Daseinsberechtigung schenkt, vermittelt ihm: Du bist willkommen auf dieser Erde. Das wollen wir immer wieder erfahren. Die mütterliche Zuwendung ist Urbild des Segens.

Jeder Mensch sehnt sich auch nach Heimat. Daheim bin ich dort, wo ich geliebt werde, wo ich keine Rolle spielen muss, wo ich sein darf, wie ich bin, weil ich mich bedingungslos geliebt weiß. Auch diese Erfahrung hat mit einer Liebe zu tun, die größer ist als die persönliche Sympathie. Ich muss mir diese Liebe nicht erarbeiten. Sie wird mir geschenkt. Sie ist einfach da. Ich bin von dieser Liebe getragen.

Zweckfrei

Wo alles nur nach Nutzen und Rentabilität berechnet wird, erstirbt die Liebe. Doch die Liebe ist stärker als alles Berechnen. Sie lässt sich nicht einzwängen in unsere Lebenspläne. Sie blüht einfach auf, wo und wann sie will. Die Rose blüht, weil sie blüht, sagt Meister Eckhart. Sie fragt nicht nach Nutzen. Sie ist einfach da. Die Liebe fragt nicht nach ihrer Berechtigung. Sie ist, wie sie ist. Sie ist, weil sie ist. Sie durchbricht alles Zweckmäßige. Sie ist frei und lässt sich nicht vorschreiben. Nicht das Wann, nicht das Wo. Und auch nicht, wie sie blühen darf. Sie blüht einfach. Und wo sie aufblüht, erfreut sie unser Herz.

Märchenhaft

Die Märchen wissen, dass es für das Leben kein Rezept gibt. Umwege und Irrwege sind nicht ausgeschlossen. Es gibt kein Programm und keinen Meisterplan. Wir können nichts tun. Ein anderer tut es an uns. Wandlung geschieht in der Begegnung, in der Liebe. Der wohlwollende Blick des anderen verwandelt uns. Wenn uns die Liebe begegnet, gehen wir erneuert daraus hervor. Ein anderer Mensch kann etwas aus uns herauslieben, was vorher verborgen in uns geschlummert hat. Liebe weckt in uns eine Kraft, die uns unser eigenes Geheimnis entdecken lässt.

Ein Weg der Wahrheit

Die Sehnsucht danach, zu lieben und geliebt zu werden, ist so tief im menschlichen Herzen verankert, dass wir sie nicht aus uns herausreißen können. Wenn wir verliebt sind, fühlen wir uns wie verzaubert. Die Liebe hat nicht nur zu tiefen menschlichen Freundschaften und zu gelingenden Ehen geführt, sondern auch wunderbare Kunstwerke in Dichtung, Musik und Malerei hervorgebracht. Ohne die Liebe wäre das Leben wesentlich ärmer. Natürlich machen wir auch die Erfahrung, dass die Liebe uns zwischen den Fingern zerrinnen kann und dass wir nirgendwo so tief verletzt werden wie gerade in der Liebe. Aber all das spricht nicht gegen die Liebe. Wenn wir nach der Liebe fragen, geht es um etwas anderes: Es geht um die Frage, wie es gelingen kann, auf Dauer zu lieben und so zu lieben, dass es nicht in Chaos und Verletzung endet. Damit die Liebe auf Dauer gelingt, darf ich sie nicht mit dem Gefühl verwechseln. Liebe ist nicht ewiges Verliebt sein. Das Verliebt sein muss sich wandeln zu einer Liebe, die den anderen so annimmt, wie er ist.

Kein Dauerglück

Liebe ist nicht dauerndes Glück. Es gibt keine Liebe ohne Schmerz. In der Liebe öffne ich mich dem andern und werde dadurch verletzlich. Ohne diese Offenheit wäre Liebe nicht möglich. In der Liebe zueinander lernen wir uns mit all den Verletzungen kennen, die wir im Leben erfahren haben. Liebe kann verletzen. Und Liebe vermag diese Verletzungen zu heilen.

Wahrheit

Wie bei Mozart

In seinem letzten Klavierkonzert variiert Mozart im dritten Satz immer wieder die Melodie, in der er auch sein Lied „Komm, lieber Mai, und mache die Bäume wieder grün. Und lass mir an dem Bache die kleinen Veilchen blüh'n!“ komponiert hat. In diese Melodie hat er seine ganze Liebe, seine ganze Fröhlichkeit hineingelegt. Der Frühling, in dem er es komponierte, sollte der letzte Frühling sein, den er erlebte. Frühling war für Mozart mehr als eine schöne Jahreszeit. Sie war für ihn Überwindung des Todes, Aufbrechen aller Starre, Aufblühen und Grünwerden. All das ist für ihn Symbol für eine tiefere Wirklichkeit, letztlich für die Wirklichkeit der Auferstehung, für den Sieg der Liebe über den Tod, für den Sieg des Lebens über alle Erstarrung.

Wenn in der Schöpfung alles aufblüht, dann ist das mehr als Lebenskraft der Natur. Die Menschen – und sicher auch Mozart – haben darin eine größere Liebe gesehen, die nicht nur die Natur zum Blühen bringt, sondern auch das menschliche Herz. Menschen blühen auf, wenn sie lieben. Sie bekommen etwas von der Schönheit und Zärtlichkeit, die Mozart in seine Melodie hineingelegt hat.

Zärtlich

Wenn ich eine Blume zart streichle, wenn ich mich im Wind streicheln lasse, dann kann das zu einer genauso intensiven Erfahrung der Liebe werden wie menschliche Berührung. Es kommt nur darauf an, dass ich an die Liebe Gottes glaube, die mich durch die Schöpfung umarmen möchte, und dass ich sie leibhaft zulasse.

Es gibt Menschen, denen man an ihren Augen ansieht, dass sie voller Liebe sind, dass sie ganz und gar durchlässig sind für die göttliche Liebe. Diese Menschen sind nicht verliebt in einen andern, sie strahlen in ihrem ganzen Dasein Liebe aus.
Ihre Liebe gilt jedem Menschen, dem sie begegnen. Sie können sich jedem mit ungeteiltem Wohlwollen zuwenden. Ihre Liebe gilt den Tieren, den Pflanzen, einer Statue, einem Bild, der Musik. Sie gilt jedem Augenblick.
In ihrer Nähe fühlt man sich wohl.
Sie strahlen Liebe aus. Man kann es nicht genau beschreiben, was da in uns vorgeht, wenn wir solchen Menschen begegnen. Aber irgendwie fühlen wir uns angenommen, ernst genommen, geachtet, geliebt. Unser Herz taut auf. Wir fühlen uns frei. Wir müssen nichts mehr verbergen. Wir dürfen so sein, wie wir sind. Ihre Hände haben etwas Zärtliches an sich. Ihre Augen sind eine Einladung, einfach zu sein.

In Freude und Leid

„Wem nicht durch Liebe Leid geschah, der hat auch nie Freude durch Liebe erfahren." Der Literaturkritiker Marcel Reich-Ranicki hat in der Todesanzeige für seine Frau Teofila, die mit ihm durch Verfolgung, Exil und die Jahre seines Erfolgs ging, dieses Wort des mittelalterlichen Dichters Gottfried von Strassburg gesetzt. Es steht da als Motto für die Liebe zu seiner Frau: Reich-Ranicki meint mit dem Leid nicht zuerst das Leid, das das jüdische Ehepaar in der Verfolgung und im Exil durchlebt hat. Sicher: Die Liebe hat sie gestärkt, das Leid, das von außen kam, zu ertragen. Sie haben sich in der Liebe gegenseitig getragen. Mit diesem Wort ist noch etwas anderes ausgesagt: Es geschieht uns Leid auch durch die Liebe. Gerade indem wir uns lieben, tun wir uns gegenseitig Leid an. Es gibt keine Liebe ohne Leiden. Liebe kennt nicht nur das Glück, sondern auch den Schmerz. Denn je näher wir dem anderen in der Liebe kommen, desto offener werden wir. Ohne Offenheit ist Liebe nicht möglich. Und in dieser Offenheit sind wir auch verletzlich. Und es gibt keine Liebesbeziehung, in der sich die Liebenden immer auch gegenseitig verletzen, oft genug nicht bewusst. Die Verletzung geschieht einfach, ob wir wollen oder nicht. Doch es gibt auch die Verletzung, die wir dem andern bewusst zufügen, obwohl wir ihn lieben. Manchmal geben wir einfach die Verletzung weiter, die wir selbst erlitten haben. Doch ohne dieses Leiden, das durch die Liebe geschieht, erfahren wir auch keine Freude. Es gehört beides zusammen: das Leid durch die Liebe

zu erfahren, ohne sich darüber zu beklagen. Und zugleich dankbar die Freude genießen, die uns die Liebe schenkt.
Die Liebe öffnet für beides: für Leid und Freude.
Liebe kann verletzen. Und Liebe vermag diese Verletzungen zu heilen.
Und gerade so lässt sie uns das Leben in seinen Höhen und Tiefen in einer Intensität erfahren, von der Nichtliebende nur träumen können.

Heilende Kraft

Die unverfälschte Substanz unseres Wesens ist Liebe. Und nur wenn wir unsere Augen öffnen für diese tiefste Wirklichkeit, werden wir wahrhaft Mensch. Dann werden wir nicht mehr bestimmt von unseren Verletzungen und Kränkungen, sondern von der Liebe, die unsere Wunden verwandelt, die sie zu einem Schrei nach Liebe formt. Erst wenn wir die göttliche Liebe auf den Grund unserer Seele entdecken, hören wir auf, gehetzt und voller Gier draußen in der Welt die Befriedigung unserer Bedürfnisse zu suchen. Heilung ist möglich, wenn wir die Liebe erfahren, wenn Menschen uns bedingungslos lieben und wenn wir in der menschlichen Liebe die unendliche Liebe Gottes erkennen. Aber die Liebe Gottes ist nicht abhängig von der menschlichen Liebe. Sie ist auch in unseren Herzen gegenwärtig. Daher brauchen wir nicht ständig nach Menschen Ausschau zu halten, die uns lieben.

Zuwendung zu allem

Liebe meint die wohlwollende Zuwendung zu allem. Ein Mensch, der ganz Liebe ist, geht liebevoll mit sich selbst um, er berührt zärtlich die Blume in seinem Zimmer, er streichelt den Hund, der ihm begegnet, er kann liebevoll die Landschaft betrachten. Er strahlt eine Wärme und Liebe aus, die jedem gut tut, der in seine Nähe kommt Seine Liebe ist nicht gekünstelt. Er muss sie nicht seiner Aggressivität abringen. Er hat Verständnis für die Menschen in seiner Umgebung. Er reagiert barmherzig und milde und verzichtet auf hartes Urteilen.

Wie eine Quelle

Ein geliebter Mensch ist wie eine Quelle, aus der man trinken kann. Diese Erfahrung haben zu allen Zeiten die Dichter in ihren Liebesliedern besungen. Die Frau ist für den Mann eine Quelle der Inspiration, die ihn beflügelt, aber auch eine Quelle der Liebe, die ihn erquickt. Umgekehrt kann auch der Mann für die Frau zu einer Quelle der Klarheit und Orientierung werden und zu einer Quelle, aus der sie Kraft schöpft und Energie für ihren Alltag.

Wer aus dieser Quelle lebt, der darf erleben, dass sein Leben gelingt und einen neuen Geschmack erhält: das Erleben von Weite und Freiheit, von Lebendigkeit und Liebe.

2. Ein weites Herz

Verwandelt, strahlend

Die Liebe prägt unser Denken, Fühlen, Wollen und Handeln. Sie ermöglicht eine neue Lebensqualität, eine neue Selbstwahrnehmung. Sie verwandelt uns, lässt uns strahlen. Wenn uns die Liebe begegnet, gehen wir erneuert daraus hervor. Liebe weckt in uns eine Kraft, die uns unser eigenes Geheimnis entdecken lässt.

Auch wenn man noch so sehr über die Liebe nachdenkt, ist sie letztlich nicht zu fassen und zu greifen. Man kann sie nur beschreiben in ihren Auswirkungen:

> Die Liebe ist langmütig, die Liebe ist gütig.
> Sie ereifert sich nicht, sie prahlt nicht,
> sie bläht sich nicht auf.
> Sie handelt nicht ungehörig,
> sucht nicht ihren Vorteil,
> lässt sich nicht zum Zorn reizen,
> trägt das Böse nicht nach.
> Sie freut sich nicht über das Unrecht,
> sondern freut sich an der Wahrheit.
> Sie erträgt alles, glaubt alles, hofft alles,
> hält allem stand.
> Die Liebe hört niemals auf.
> (1 Kor 13, 4–8).

Gütig und frei

Die Liebe ist gütig. Ein Mensch, der voller Liebe ist, tut den andern gut. Er hat eine heilende Ausstrahlung. In seiner Nähe ist man gerne. Er sieht das Gute im Andern und lockt es aus ihm heraus. Weil er an das Gute im Menschen glaubt, geht er auch gut mit ihm um.

Die Liebe strahlt Ruhe und Unabhängigkeit von anderen aus. Wer in sich Liebe spürt, der ist frei. Er vergleicht sich nicht mit anderen. Er ist bei sich. Sein Herz, ist nicht zerrissen von Leidenschaften. Die Liebe führt den Menschen zu sich selbst, zu seinem eigentlichen Wesen. Sie entspricht seinem innersten Sein.

Ruhig und mutig

Die Liebe lässt sich nicht zum Zorn reizen. Sie lässt sich nicht aufreizen, scharf machen, sie steigert sich nicht zu hitziger Leidenschaft, zum Fieberanfall. Sie frisst sich nicht fest im Groll. Sie hat eher die Qualität von Ruhe und Kraft, von Wärme und Klarheit.

Die Liebe hat den Mut, dem anderen zu sagen, dass er einen verletzt hat, dass man sich über ihn geärgert hat. Sie klärt die Missverständnisse. Sie schaut auch die Aggressionen an, die in jeder Liebe immer wieder aufsteigen und uns davor bewahren, in falsche Harmonie zu versinken. Das griechische Wort für „Zorn“ kommt von der Vorstellung „unzeitig, vorschnell, hitzig“. Die Liebe reagiert angemessen. Sie ist im Augenblick. Sie lässt sich durch verletzende Worte nicht aus dem gegenwärtigen Moment vertreiben.

Anerkennend und einladend

Die Liebe trägt das Böse nicht nach. Sie stellt es nicht in Rechnung. Sie rechnet es nicht auf. Wer durch die Liebe weit geworden ist, besiegt das Böse, anstatt es aufrechnend zu vermehren.

Die Liebe freut sich nicht am Unrecht, an der Verletzung, sondern an der Wahrheit. Sie freut sich daran, wenn der andere so zur Geltung kommt, wie er wirklich ist.

Die Liebe erträgt alles. Sie ist gleichsam ein Schutzdach, das uns davor bewahrt, dass negative Stimmungen unser Haus besetzen. Die Liebe ist wie ein Haus, in dem wir wohnen können, ein Haus, in dem wir uns geborgen und beschirmt fühlen. Und wenn wir uns in unserem Haus daheim fühlen, können wir mit unserer Liebe auch dem anderen ein schützendes Dach bieten, unter dem er sich geborgen und angenommen weiß. Die Liebe lädt auch andere in unser Haus des Lebens ein.

Sehend und weise

Die Liebe glaubt alles. Sie ist getragen von einem grundsätzlichen Vertrauen in den Menschen, in das Leben, in Gott. Nur wenn ich einem glaube, kann ich ihn lieben. Glauben heißt das Gute sehen. Lieben bedeutet gut miteinander umgehen. Ich kann nur lieben, was ich für gut ansehe, wem ich traue. Die Liebe braucht das Vertrauen, aber sie drückt sich auch konkret im Vertrauen und Glauben aus. Indem sie an den Menschen glaubt, richtet sie ihn auf und lockt in ihm das Gute hervor.

Die Liebe wird dem Menschen zum Auge, das ihn sehen lässt. Wer glaubt und liebt, der ist wahrhaft weise. Er sieht die Wirklichkeit so, wie sie ist.

Die Liebe durchbricht das Augenscheinliche. Sie sieht tiefer. Sie entdeckt im Menschen den guten Kern, der in ihm aufblühen möchte. Sie sieht in ihm die Zeichen von Lebendigkeit, von Echtheit, von Fähigkeiten und Möglichkeiten, die in ihm stecken

Standhaft und geduldig

Die Liebe hält allem stand! Sie stellt sich unter den anderen, um ihn zu stützen und zu tragen. Sie steht zu ihm, ganz gleich, wie er sich entwickelt und was er von sich offenbart. Sie bleibt bei ihm in allen seinen Irrungen und Wirrungen. Sie vermag das nur, weil sie alles glaubt und alles hofft, weil sie das Gute im anderen sieht und die Hoffnung hat, dass der gute Kern immer mehr zum Vorschein kommt. Sie ist wie eine Säule, auf die der andere sich stützen kann, die das Haus des Miteinanders trägt. In der Liebe wohnt eine Kraft. Die Liebe lässt sich nicht so leicht in die Flucht schlagen. Sie nimmt den Kampf gegen feindliche Mächte auf. Sie glaubt an den Sieg. Sie ist stärker als alles, was das Leben untergraben möchte.

Die Liebe ist langmütig, sie hat Geduld, sie hat ein großes und weites Herz. Sie kann warten. Sie ist nicht kleinlich. Sie steht offen für den andern. Wenn ich ein weites Herz habe, dann fühle ich mich anders. Ich bin frei, offen. Das Leben kann in mir strömen. Ich werde mich nie auf das Negative fixieren, das ich bei mir oder andern wahrnehme. Das weite Herz ist das Gegenteil von „kleinkariert“, von engstirnig, verbohrt. Man spürt einem Menschen von seinem ganzen Wesen her an, ob er ein weites Herz hat.

Kräftig und schön

In der Liebe wohnt eine Kraft. Ja, sie ist eine eigene Kraft. Manchmal spüren wir, dass wir voller Liebe sind. Und dass diese Liebe zu allem hinströmt, was mit uns existiert.

Die Liebe macht den Menschen schön. Jeder Mensch ist schön, wenn er ganz er selbst ist. Wer mit der Liebe in Berührung kommt, die schon in ihm ist, und wenn diese Liebe durch ihn in diese Welt strahlt, der oder die ist schön, ganz unabhängig von momentanen Moden und äußeren Schönheitsidealen.

Wer liebt, hat genug

In der Liebe bin ich einfach ich selbst. Ich zeige mich, wie ich bin. Ich habe nichts zu verstecken. Ich muss nicht mit irgendwelchen Leistungen prahlen, ich bin mit mir zufrieden, weil ich den Geschmack der Liebe in mir koste. Die Liebe macht das Leben lebenswert. Ich brauche nicht Bestätigung und Anerkennung. Die Liebe handelt nicht ungehörig, unanständig. Sie ist nicht formlos und hässlich. Die Liebe entspricht vielmehr dem Wesen des Menschen, und sie macht ihn schön. Sie bringt ihn in die Gestalt, die ihm angemessen ist. Erst wer liebt, ist wahrhaft Mensch.
Die Liebe schaut nicht auf ihren Vorteil, sie sucht nicht das Eigene. Sie kreist nicht um sich selbst. Sie muss sich nicht behaupten, weil sie einfach da ist. Sie benutzt den andern nicht für sich, sondern nützt ihm.
Die Liebe kommt nicht zu kurz. Wer von Liebe erfüllt ist, der hat genug, der muss nicht immer noch mehr haben.

3. Trau deiner Liebe

Sei ganz Mensch

Trau der Liebe, die Menschen in dir hervorlocken. Trau der Liebe, die du zu einem Freund oder einer Freundin spürst. In jeder Liebe ist etwas Lauteres und Reines. In jeder menschlichen Liebe, auch wenn sie noch so festhalten möchte, ist etwas von der reinen Gottesliebe. Lass dich in deinem Herzen von der Liebe berühren, die dir entgegenkommt oder die in dir aufflammt. Gott selbst berührt dich dabei.

Die Liebe ist die entscheidende Wirklichkeit unseres Lebens. In deiner Liebe, auch wenn sie noch so vermischt ist mit Besitzansprüchen und Habenwollen, leuchtet immer auch etwas auf von der spirituellen Liebe, die deine tiefste Sehnsucht nach Liebe erfüllt. Traue deiner Liebe, aber gehe deiner Liebe auch auf den Grund, damit du dort Gott findest als ihren eigentlichen Quell. Und folge deiner Liebe bis zum Ende. Dann wird sie dich zu Gott führen, der nicht nur liebt wie wir, sondern der die Liebe selber ist.

Lass dich verzaubern

Die Spur deiner Liebe öffnet dich für die Menschen. Sie treibt dich zum Leben. Sie erfüllt dich mit Freude und Glück.

Bring die Menschen in deiner Umgebung mit ihrer Liebe in Berührung. Trau dich, zu lieben und geliebt zu werden. Lass dich von der Liebe verzaubern, lass dich von ihr hineinführen in das Geheimnis einer tieferen Liebe, die deine wahre Sehnsucht erfüllt.

Liebe und tu, was du willst

„Liebe und tu, was du willst“, hat Augustinus gesagt. In meiner Jugend hat man mir auch immer gepredigt, ich solle alle Menschen lieben. Aber ich habe diese Liebe als etwas Anstrengendes erlebt. Ich musste alle meine Regungen kontrollieren, dass von mir kein unfreundliches Wort oder keinen abweisenden Blick ausging. Liebe kann man nicht erzwingen. Trau der Liebe, die in dir ist. In dir ist schon Liebe. Du musst sie nicht aus dir herauspressen. Folge der Spur deiner Liebe. Sie führt dich nicht nur zu Gott. Sie öffnet dich auch für die Menschen. Sie treibt dich zum Leben. Sie erfüllt dich mit Freude und Glück.

Die Liebe ist wie ein Geschenk, das uns zufällt. Auf wen die Liebe fällt, der wird verzaubert.

Geh durch die Angst hindurch

Die Wärme der Liebe löst alle Verkrampfung. Wer erfährt, dass er gerade dort, wo er sich festklammert, angenommen und gestreichelt wird, dem löst sich alle Enge. Klammere dich also nicht an deiner Angst fest, sondern geh durch sie hindurch. Dann wirst du auf dem Grund deines Herzens jene zärtliche Liebe spüren, die dich mit deiner Angst annimmt und alles Bedrängende und Bedrohliche deiner Angst auflöst. Auch deine Angst darf sein. Aber sie ist berührt von Gottes Liebe, die sie verwandelt und auflöst.

4. Sich selbst lieben – Schlüssel zum Glück

Ich werden am Du

Der Schlüssel zum Glück liegt darin, sich in seiner eigenen Begrenztheit zu lieben und auch die Menschen mit ihren Grenzen zu lieben.

Wer sich selbst nicht spürt, ist unsicher in der Beziehung zum anderen. Er weiß nicht, wer er selbst ist. So traut er sich dann auch nicht, sich dem anderen zu zeigen. Er hat Angst, der andere könnte seine innere Leere wahrnehmen. Ich werde am Du, sagt Martin Buber. Doch wo kein Ich ist, kann auch keine Begegnung mit einem Du stattfinden.

Mit milden Augen

Wir kennen in uns auch die scharfen Augen, die alles durchleuchten wollen, die gierigen Augen, die besitzen wollen, die verurteilenden, die fixierenden Augen. Es braucht eine Schule der Augen, damit wir mit einem guten, milden und glaubenden Blick auf alles schauen, was ist. Genauso wie die milde Herbstsonne alles in ein angenehmes Licht taucht, sollen wir mit unseren Augen auch das Negative in uns einhüllen mit einem Mantel der Liebe und Milde. Das bedeutet keine rosarote Brille und meint nicht, die Augen vor der manchmal auch grausamen Wirklichkeit zu verschließen. Wir sehen die Realität wie sie ist. Aber wir tauchen sie doch in das milde Licht des Abends.

Es wäre falsch zu glauben, wir dürften nur für die anderen sorgen und nicht für uns selbst. Barmherzig ist, wer ein Herz hat für die Unglücklichen und Armen. Aber bevor er ein Herz für die Unglücklichen und Armen haben kann, muss er ein Herz für das Arme und Unglückliche in sich selber haben.

Innerer Frieden

Innere Harmonie braucht den liebevollen Blick auf das Feindliche in uns und außerhalb von uns. Und es braucht den Weg der Kontemplation, durch die wir in den inneren Raum der Ruhe und der Liebe in uns vordringen. Es ist letztlich die Liebe, die streitende Menschen miteinander versöhnt und die den inneren Zwiespalt in uns überwindet.

Sei dir nahe

Wir brauchen Menschen, die uns Geborgenheit schenken. Und wir brauchen Gottes heilende und liebende Nähe, in der wir uns geborgen wissen. Doch wenn wir nur und ausschließlich von anderen Menschen oder von Gott diese bergende Nähe ersehnen, werden wir sie nie erfahren. Wir müssen etwas ganz Elementares lernen: Uns selbst nahe zu sein, es bei uns selbst auszuhalten, liebevoll mit uns umzugehen, damit wir auch die Nähe und Geborgenheit genießen können, die wir von anderen Menschen und von Gott erleben. Die Sehnsucht nach Geborgenheit darf uns nicht in die Passivität führen. Vielmehr soll sie uns in Bewegung bringen, damit wir uns selbst nahe kommen und uns für die Menschen öffnen, die schon in unserer Nähe sind. Wenn wir ihnen nahe kommen, werden wir auch ihre Nähe erfahren. Wenn wir uns nur allein gelassen fühlen und im im Schmollwinkel unserer Einsamkeit sitzen bleiben, wird allerdings nie jemand in unsere Nähe gelangen.

Sei dir Freund

Nur wenn ich mit mir in Berührung bin, kann ich mit anderen Menschen in Berührung kommen. Ich habe dann keine Angst mehr, dass der andere in mir etwas entdecken könnte, was ich vor mir verborgen habe. Wenn ich selber eingetreten in das Haus meines Leibes und meiner Seele wird es mir auch möglich, den anderen in mein Haus eintreten zu lassen. Ich kann ihm alles zeigen, was in mir ist, weil ich es mir selbst erlaubt habe, dass mein Lebenshaus so aussieht. Die Beziehung zu mir selbst nimmt mir die Angst vor der Nähe des anderen. Weil ich mir nahe geworden bin, vermag ich auch die Nähe des anderen nicht nur zuzulassen, sondern sie sogar zu genießen. Weil ich mir Freund bin, kann ich auch mit einem anderen Freund sein.

Hab Vertrauen zu dir selbst

Wer kein Selbstvertrauen hat, ist auch dem anderen gegenüber misstrauisch. Wer in die Partnerschaft seine Mutterwunde mitbringt, der erwartet vom Partner oder von der Partnerin, dass sie sich ständig um ihn kümmert. Ein Mensch mit einer solchen Geschichte bekommt nie genug Zuwendung. Wer seine Vaterwunde mit sich trägt, der hat in sich ein tiefes Misstrauen. Er wird, wenn dieses Misstrauen geweckt ist, jedes Wort, das der andere ganz ehrlich meint, als Angriff gegen sich auslegen, und jeden Blick sofort als Ablehnung deuten. In so einem verwundeten Klima ist es nicht einfach, Vertrauen aufzubauen. Bevor das Vertrauen zum anderen wachsen kann, muss ich mich erst meinen eigenen Wunden stellen. Aber manchmal kann das Vertrauen des Partners auch meine Wunden heilen. Freilich nur dann, wenn ich meine Wunden nicht überspringe.

Alles ist gut

Schau in das Licht einer Kerze hinein und lass dieses Licht in alle Abgründe deiner Seele eindringen, in die verschlossenen Bereiche, in denen viel Verdrängtes und Unterdrücktes verborgen liegt, in die Dunkelheit der Trauer, in deine Angst, in deine Zweifel, in deine Unsicherheit, in deine Leere. Stelle dir vor, dass alles in dir von diesem warmen zärtlichen Licht einer Kerze erleuchtet wird. Im Licht dringt Gottes Liebe in Dich ein. Sie verurteilt Dich nicht. Sie vermittelt dir: Alles in dir darf sein. Aber alles kann auch verwandelt werden durch das Licht und durch die Liebe. Lass das Licht einfach in Dich eindringen. Vielleicht spürst du dann auch, wie es dir warm ums Herz wird, wie Liebe in Dich einströmt und dir vermittelt: Alles ist gut.

Vielleicht kommen auch Sehnsüchte hoch, oder Bedürfnisse oder nicht gelebte Seiten an dir. Das kann manchmal schmerzlich sein. Doch es ist gut, wenn das Licht der Kerze Dich in Berührung bringt mit deiner Sehnsucht. Es zeigt dir, dass dein Leben nicht so eng und so leer ist, wie du es manchmal erfährst. In dir ist Sein Licht. Es will alles in dir erleuchten, heilen, mit Liebe und Hoffnung erfüllen.

Von innen her

Wir brauchen uns die Liebe nicht zu verdienen. Sie ist in uns. Der jüdische Philosoph Friedrich Weinreb drückt es so aus: „Von innen, vom Verborgenen her ist der Mensch schon gut und geliebt, aber die andere Seite braucht alle Zuwendung, denn sie leidet und ist gedrückt." Von der inneren Quelle der Liebe her sollen wir uns unserer leidenden Seite zuwenden

Viele Menschen reagieren auf Enttäuschung in der Liebe mit Depressionen. Umgekehrt erfahren viele Heilung, wenn ein Mensch sie voller Hingabe liebt. Aber häufig überfordern depressive Menschen ihre Umgebung mit ihrer Erwartung, geliebt zu werden. Darum ist es so wichtig, das Liebenswerte in sich selbst zu entdecken. In jedem von uns steckt etwas Liebenswertes. In jedem von uns ist eine Quelle der Liebe. Aber es liegt an uns, ob wir aus dieser inneren Quelle leben.

Kräfte für die Seele

Heilsam für die Seele ist, dass sie sich geliebt weiß und sich auch selbst liebt, mit allem, was in ihr ist. Und heilsam ist, wenn die Seele atmen kann. Viele Menschen sind nicht in Berührung mit ihrer Seele. Sie leben nur an der Oberfläche. Dieses Abgeschnittensein von ihrer Seele macht die Menschen krank. Nur wenn wir den inneren Zugang zur Seele bekommen, kann sie aufleben und sich entfalten. Die Seele braucht Nahrung.

Liebe tut der Seele gut tut. Manche werden krank, weil sie der Seele keinen Raum geben. Die Seele braucht Flügel, Leichtigkeit und Weite. Wer ihre Flügel stutzt und ihren Raum einengt, der nimmt der Seele ihre Kraft.

Nimm dich selber in den Arm

Nimm das verletzte Kind in dir in deine mütterlichen Arme. Geh mütterlich mit dir selbst um. Dann brauchst du nicht dein Leben lang darauf zu warten, dass deine Mutter die Liebe gibt, nach der du dich sehnst, dass deine Mutter dir die Worte der Anerkennung und des Lobes sagt, die du so sehr brauchst. Sei dir selbst Mutter. Nimm dich selbst liebend in die Arme. Und schenke dir die Geborgenheit, die das verletzte und verwaiste Kind in dir braucht. In dir ist genügend Mütterlichkeit, weil du teilhast an Gottes mütterlicher Liebe und Kraft.

Und nimm dich nicht so wichtig

Humor ist eine eigene Gabe, die nicht jeder hat. Er heißt nicht, dass ich alle mit Fröhlichkeit anstecken muss. Humor meint, dass ich mich liebevoll annehme und über meine menschlichen Schwächen herzhaft lachen kann, weil sie mich zum Menschen unter Menschen machen, mit Bodenhaftung.

Heiterkeit lässt sich freilich nicht verordnen. Habe den Mut, dich wegen deiner Fehler und Schwächen nicht mehr anzuklagen, sondern darüber zu lachen. Sie sind längst in Gottes Barmherzigkeit aufgehoben. Du kannst über dich lachen, wenn du dich nicht so wichtig nimmst. Du kannst heiter sein, wenn du die Leichtigkeit des Seins verspürst, die ihren Grund hat in einem abgrundtiefen Vertrauen in Gottes grenzenlose Barmherzigkeit. Wenn dir Gottes barmherzige Liebe aufgegangen ist, dann wirst du über vieles, was dich heute noch bedrückt, lachen können und in heiterer Freiheit deinen Weg voll Vertrauen weiter gehen.

5. Trag die Liebe in die Welt

Öffne dein Herz

Das Glück, das ich festhalten, das ich für mich allein reservieren muss, ist kein wirkliches Glück. Ein Glück, das nicht mit andern geteilt werden kann, zu klein ist, um uns wirklich glücklich zu machen. Glück braucht immer auch eine innere Weite und Freiheit, ein Strömen und Fließen des Lebens und der Liebe. Alles egoistische Festhalten zerstört das Glück.

Öffne dein Herz für die Liebe.
Die Liebe muss strömen, damit sie lebendig bleibt.
Öffne dein Herz für die Liebe.
Die Liebe, die in uns strömt, lässt uns auch die Liebe spüren, die uns von den Menschen entgegen kommt.
Wenn einer die Menschen liebt, dann wird er gerne bei ihnen sein und er wird mit neuer Kraft von den Menschen weggehen.
Wenn wir vertrauen, dass in uns eine Quelle der Liebe ist, dann werden wir gerne bei den Menschen sein. Wir müssen gar nichts tun. Wir lassen die Liebe einfach strömen und bekommen dann auch viel Liebe wieder zurück.
Es strömt hin und her.

Stifte Frieden

Ein Urbild des Friedensstifters in unserer Zeit war Martin Luther King, der schwarze Baptistenpastor. Seine Art und Weise, Frieden zu stiften, nahm die Botschaft Jesu von der Gewaltlosigkeit und von der verwandelnden Kraft der Liebe ernst. Aus der Haft schreibt er den weißen Rassisten: „Werft uns ins Gefängnis, wir werden euch trotzdem lieben! Werft Bomben in unsere Häuser, bedroht unsere Kinder, wir werden euch trotzdem lieben!“ Für ihn bedeutet Frieden zu stiften nicht etwas durchzusetzen, sondern durch Liebe auch den Gegner zu gewinnen. Dann ist die Liebe eine Macht, die einen dauerhaften Frieden schafft. Alles, was nur mit Verhandlung erreicht wird, bleibt brüchig. Es braucht die Liebe, die mit kreativen Methoden dem Frieden zum Durchbruch verhilft.

Nur die Liebe kann Frieden stiften. „Hass kann den Hass nicht austreiben. Das gelingt nur der Liebe. Hass vervielfältigt den Hass, Gewalt mehrt Gewalt, Härte vergrößert Härte in einer ständigen Spirale der Vernichtung.“ Es sind Worte, die auch heute ihre Geltung haben. Wir sehnen uns heute nach Menschen, die mit solcher Phantasie und zugleich Kraft und Konsequenz Frieden schaffen wie Martin Luther King.

Wenige genügen

Die gewaltlose Liebe vieler Menschen ist wie das Senfkorn, das zu einem Baum heranwächst, in dessen Schatten die Menschen in Frieden miteinander leben können. Sie ist wie der Sauerteig, der den ganzen Trog Mehl durchdringt.

Ein Mitbruder meinte einmal, drei Mönche, die es ernst meinen mit ihrer Hingabe und Liebe, würden genügen, um eine Gemeinschaft von 200 Mönchen zu verwandeln. Vielleicht genügen dreißig Menschen, die durchlässig sind für Gottes Liebe, um ein ganzes Volk in Bewegung zu bringen.
Wer an die Macht der Liebe glaubt, der fühlt sich zumindest nicht ganz ohnmächtig der heutigen Welt gegenüber. Er setzt seine Liebe dagegen, auch wenn sie über lange Zeit völlig wirkungslos zu sein scheint. Er glaubt an die verwandelnde Kraft der Liebe und überwindet mit seinem Glauben die Resignation und Verzweiflung, in die viele angesichts ihrer Ohnmacht gegenüber dem Kriegstreiben fallen. Freilich: Er kann die Macht seiner Liebe nicht beweisen. Er kann nur glauben und hoffen, dass die Saat der Liebe aufgeht und reiche Frucht bringt.

Stärker als Gewalt

Die Gewalt wird nicht ganz aus der Welt verschwinden. Das anzunehmen, wäre für mich unrealistisch. Aber ich resigniere nicht. Ich glaube an die Kraft des Guten und an die Kraft der Liebe. Wenn die Christen ihre Liebe auch öffentlich zur Geltung bringen, ohne naiv die Augen zu verschließen vor der Realität der Gewalt, dann wird es immer wieder den Sieg der Liebe geben. Dieser Sieg wird allerdings nie endgültig sein. Das Böse ist einfach in der Welt. Gewalt ist ja oft die Folge von Verletzungen, die Menschen erlitten haben und die sie nun anderen Menschen, die gar nichts mit ihren Verletzungen zu tun haben, heimzahlen möchten. Wenn es stimmt, dass verletzte Kinder weiter verletzen, dann ist es umso wichtiger, die Kinder mit Liebe zu erziehen, damit die Verletzungen sich nicht immer weiter vermehren. Es braucht den Glauben und die Hoffnung, um der Liebe zu trauen, die nach und nach verletzte Kinder zu heilen vermag und dadurch Gewalt verhindert und die Spirale immer neuer Verletzungen durchbricht.

Der Mensch ist dem Bösen nicht bedingungslos ausgeliefert. Er kann gegen das Böse kämpfen und es verwandeln. Die Liebe ist stärker als das Böse.

Öffne anderen den Himmel

Der Himmel geht uns alle an. Indem wir hinabsteigen zu einem Menschen, der in Not ist, der gefangen ist in seinen Problemen, können wir über ihm den Himmel öffnen, so dass sich sein Blick weitet und er die Nähe Gottes erfahren kann. Indem wir hinabsteigen zu einem Menschen, der zu versinken droht im Sumpf seiner Emotionen, können wir ihn emporziehen in den Himmel göttlicher Nähe und Liebe.

Land der Liebe, Land der Güte

Auch wenn die Milden und Sanftmütigen in unserer Welt oft nichts besitzen und kein Land erben, so leben sie doch in einem ganz anderen Land, in einem Land, in dem Gottes Gesetze gelten, die unsere Maßstäbe außer Kraft setzen. Es ist das Land der Güte und Liebe. In diesem Land lässt es sich besser wohnen als in dem Land, in dem die Gesetze von Erfolg und Besitz gelten. Auch wenn manche meinen, die Freundlichen und Sanftmütigen würden in unserer aggressiven Welt nichts „erben", so glaube ich doch, dass ihnen das Land gehören wird. Wenn sie an ihrer Milde auch im Umgang mit den Menschen festhalten, werden sie das Land gestalten. Auf dem Acker dieser Welt wird ihre Milde irgendwann aufgehen und zwischen den vielen Steinen Früchte hervorbringen.

Funken, die überspringen

Feuer wärmt, erhellt und verwandelt. Im Feuer wird das Gold geläutert. Aus einem schmutzigen Metallklumpen wird reines Edelmetall. Feuer ist auch ein Bild für die Liebe. Wenn ein Mensch leidenschaftlich verliebt ist, dann bekommt er feurige Augen. Lebendigkeit und Kraft geht von ihnen aus. Das Feuer kann aber auch verbrennen und zerstören. Feuer muss gebändigt werden. An Pfingsten bitten wir den Heiligen Geist, dass er das Feuer unser Leidenschaft in das Feuer der Begeisterung und der Liebe verwandle, so dass von uns ein Funken auch auf andere überspringen kann.

Wenn ein Mensch voll ist von der Glut der Liebe, dann können sich andere an ihm wärmen. Wenn wir ausgebrannt sind, kann sich niemand in unserer Nähe aufwärmen.

Auch Worte können wärmen

Niemand will sich an unserer Kälte erkälten. Wenn das, was wir sagen, aus einem liebenden Herzen strömt, dann geht von unserer Sprache etwas aus, was die Menschen miteinander verbindet und sie öffnet für das Geheimnis des Lebens.

Worte der Liebe, das sind Worte, die wärmen, die das Herz öffnen, Worte, die im Herzen Funken der Hoffnung wecken und ein Feuer neuer Energie entfachen.

Der Rabbi und sein Sohn

Ein Jude brachte seinen schwierigen Sohn zu einem Rabbi und erklärte seine Ohnmacht, mit seinem Sohn umzugehen, der widerspenstig und unausstehlich sei. Als Vater wisse er nicht mehr, was er mit ihm machen solle. – Der Rabbi umarmte den Sohn so lange, bis er sich bedingungslos angenommen fühlte. Dann gab er ihn seinem Vater zurück, verwandelt, geheilt. – Die höchste Würde der Liebe wohnt darin, dass wir jemanden gesund zu lieben vermögen. Liebe ist etwas Aktives. Sie bringt das Gute im anderen zum Vorschein. Liebe heilt, verwandelt.

Bei aller heilenden Kraft meiner Liebe muss ich auch akzeptieren: Liebe vermag wirklich zu heilen – aber nur dann, wenn der andere die Liebe annimmt und Liebe in sich selbst wiederfindet.

Reich beschenkt

Wenn ich mein Herz nur dem anderen öffne, damit ich beschenkt werde, gehe ich leer aus. Wenn ich mein Herz öffne, weil der andere mich interessiert, weil ich seine Not spüre, weil ich mit ihm fühle, weil ich ihm helfen möchte, dann werde ich reich beschenkt. Wenn ich gebe, weil ich selber Zuwendung oder Bestätigung brauche, dann fühle ich mich bald verausgabt. Wenn ich aber gebe, weil ich selbst genügend Liebe empfangen habe und immer wieder von Gott empfange, dann werde ich auch selber bereichert, indem ich gebe. Wenn der andere sich von mir verstanden fühlt und erleichtert von mir weggeht, dann fühle ich mich selbst auch beschenkt. Durch mich ist jemand mehr zum Leben gekommen. Das weckt in mir ein Gefühl der Dankbarkeit und der Freude.

6. Lieben heißt loslassen

Nicht nur ich

Wir leben in einer Zeit der Individualisierung. Die Individualisierung hat ihre guten Seiten. Sie bringt mit sich, dass jeder sein einmaliges Leben ohne Behinderung durch starke Einflussnahmen der Gesellschaft verwirklichen kann. Aber solche Freiheit hat auch Schattenseiten. Die Energie des Einzelnen konzentriert sich auf die Entfaltung des eigenen Lebens. Der andere wird in erster Linie als einer gesehen, der mir nützt oder schadet. Im positiven Fall ist er jemand, der mir helfen kann, mein eigenes Potenzial zu entwickeln. Er wird instrumentalisiert, das heißt: nur zur eigenen Selbstverwirklichung benutzt. Auf der anderen Seite bleibt der Mensch ein soziales Wesen. Er sehnt sich nach Beziehung.

Die Sehnsucht nach Zugehörigkeit steht manchmal auch am Beginn einer Freundschaft. Dann wird der andere dazu gebraucht, um der eigenen Einsamkeit zu entkommen. Aber in einem Klima des Brauchens und des Habens kann keine wirklich tiefere Beziehung wachsen.

Bewahren heißt verschenken

„Liebe lässt sich nur bewahren, indem man sie verschenkt: Ein Glück, das wir für uns allein suchen, ist nirgends zu finden, denn ein Glück, das sich verringert, wenn wir es mit anderen teilen, ist nicht groß genug, um uns glücklich zu machen.“ (Thomas Merton) Und doch: Ich erlebe immer wieder viele Menschen, die es als ihre wichtigste Aufgabe ansehen, sich von andern abzugrenzen. Sie haben eine heillose Angst, dass sie einmal ausgenutzt werden könnten, dass sie sich mit ihrem Einsatz für andere überfordern. Doch wer so ängstlich nur auf seine Abgrenzung blickt, wird nie die Liebe erfahren, zu der er fähig ist. Die Liebe will fließen. Und nur wenn sie fließt, kann ich sie spüren. Ich kann die Liebe nicht in einem verschlossenen Gefäß aufbewahren. Dann würde sie schnell verderben. Natürlich braucht die Liebe auch die Grenze. Denn wir sind nicht Gott. Wir können nicht unbegrenzt lieben. Aber wir haben teil an der Unbegrenztheit der göttlichen Liebe. Wenn unsere Liebe aus der Quelle der göttlichen Liebe strömt, dann fließt sie aus uns heraus, ohne dass wir uns verausgaben. Dann wird sie sogar stärker, wenn sie von uns auf andere fließt. Wir bekommen etwas zurück, ohne dass wir das bezwecken. Wer nur liebt, damit er geliebt wird, fühlt sich bald verausgabt. Wer jedoch der Liebe traut, die in ihm strömt, der wird beschenkt, wenn er sie weiterschenkt.

Luft zum Atmen

Wir versuchen uns, an den andern zu klammern, weil wir ihn nicht verlieren möchten. Wir erwarten vom andern absoluten Halt, absolute Geborgenheit und absolute Liebe. Doch etwas Absolutes kann uns kein Mensch schenken. So überfordern wir den andern mit unseren Erwartungen. Viele Ehekrisen haben in diesen übertriebenen Erwartungen ihre Ursache. Aber wenn uns die Dimension der Transzendenz fehlt, dann ist es nur zu verständlich, dass wir das Absolute von etwas Begrenztem erwarten, dass wir von einem Menschen etwas Göttliches erhoffen.

Wenn ich aber in Gott meinen absoluten Halt und bedingungslose Liebe finde, dann kann ich die Beziehung zum andern in Freiheit gestalten. Ich mache mich vom andern nicht völlig abhängig. Und nur in dieser Freiheit kann menschliche Beziehung gelingen. Nur so hat jeder genügend Luft zum Atmen.

Lieben heißt frei lassen

Nichts gehört mir, weder ein Mensch, noch mein Haus, noch mein Leben. Ich darf alles genießen. Aber ich weiß, dass es mir nur geliehen ist. Mein Leib ist mir geschenkt. Aber ich kann ihn nicht besitzen und durch gesunde Lebensweise sein Funktionieren garantieren. Ich bin mein Leib. Aber er entzieht sich mir auch. Menschen, die ich liebe, gehören mir nicht. Sie sind frei. Und nur wenn ich sie frei lasse, vermag ich sie wirklich zu lieben.

Atmen

Das Nein in der Liebe

Geben und Nehmen sollte in einer Beziehung ausgeglichen sein. Wenn einer immer nur der Gebende ist, fühlt er sich irgendwann ausgenutzt. Und der Nehmende wird zunehmend passiver und einfallsloser. Nur wenn beide geben und nehmen, entsteht ein Miteinander, das nicht einengt, sondern befruchtet.

Eine gesunde Beziehung braucht auch die Aggression als abgrenzende und gleichzeitig zupackende Kraft, um lebendig zu bleiben. Wenn ich meine Grenzen auf eine gute Weise verteidige, dann weiß der andere, woran er ist. Dann wird er meine Grenzen respektieren und dann fühlt er sich auch in seinen eigenen Grenzen ernst genommen. Nur wenn zwei Partner sich in diesem Sinne klar definieren, können sie gut miteinander umgehen, dann können sie einander besuchen. Sie werden die Grenzen in der Liebe oft aufheben, um miteinander zu verschmelzen. Aber dann setzten sie die Grenzen wieder, um miteinander kommunizieren zu können.

Der eigene Raum

Diese Erfahrung ist nicht ungewöhnlich: Freundespaare und Ehepaare erzählen oft, dass ihnen zuviel Nähe schadet. Sie benötigen immer wieder auch die Distanz. Sie müssen sich voneinander abgrenzen, sich loslassen, damit sie wieder neue Lust haben, aufeinander zuzugehen. Wenn Paare zu nahe zusammen sind, nehmen oft auch die Aggressionen zu. Manche meinen dann, sie würden sich nicht genug verstehen. Sie haben den inneren Anspruch, sie müssten immer voller Liebe sein, wenn sie zusammen sind. Dass die Aggression ein Anruf ist, sich den eigenen Raum zu reservieren, erkennen sie nicht. Zu sehr sind sie in ihrem Ideal von einer immer präsenten Liebe gefangen. Neben der zu großen Nähe lauert noch eine andere Gefahr in der Liebe: Es ist das Benutzen des anderen für mich selbst. Ich sehe den anderen nicht in seinem Eigendasein, als den ganz anderen. Ich nehme ihn insofern wahr, als er mir hilft, zu mir selbst zu finden. Ich suche durch den anderen nur eine Erweiterung meines eigenen Ichs. Partner wollen den anderen in sich hineinnehmen. Sie achten nicht das, was im anderen meinem Zugriff entzogen ist. Im anderen ist ein Raum, zu dem ich keinen Zutritt habe. Es gibt in ihm ein Geheimnis, das ihn und mich übersteigt. Und nur wenn ich dieses Geheimnis achte, wird die Beziehung gelingen.

Eine neue Qualität

Wie Abgrenzung Beziehung schafft, das zeigt uns die Begegnung des auferstandenen Jesus mit Maria von Magdala (Joh 20,1-18). Maria von Magdala steht voller Sehnsucht schon früh morgens auf, um zum Grab zu gehen. Sie sucht den, den ihre Seele liebt. Sie möchte Jesus noch einmal sehen und ihn berühren, auch wenn er tot ist. Doch das Grab ist leer. Dreimal spricht sie davon, dass man den Herrn aus dem Grab weggenommen hat und keiner weiß, wohin man ihn gelegt hat. Beim dritten Mal sagt sie zum vermeintlichen Gärtner: „Herr, wenn du ihn weggebracht hast, sag mir, wohin du ihn gelegt hast. Dann will ich ihn holen“ (Joh 20,15). Sie meint, sie könne den Leichnam für sich holen und in die Hand nehmen. In diesem Augenblick spricht Jesus sie mit ihrem Namen an: „Maria! Da wandte sie sich ihm zu und sagte auf hebräisch zu ihm: Rabbuni!“ (Joh 20,16) In diesem kurzen Dialog geschieht Eins-werden. Da blitzt die Liebe zwischen ihr und Jesus auf. Sie möchte diese Liebe am liebsten festhalten. Sie umarmt Jesus. Doch der sagt: „Halte mich nicht fest; denn ich bin noch nicht zum Vater hinaufgegangen“ (Joh 20,17). Jesus grenzt sich also ab. Er lässt sich nicht festhalten. Aber diese Abgrenzung zerstört nicht die Beziehung. Vielmehr ermöglicht sie eine Beziehung auf einer anderen Ebene. Im anderen ist immer etwas, das unserem Zugriff entzogen ist. Dieses Innerste, das auch in uns ist, diesen inneren Raum des Schweigens, der ist für andere unzugänglich, den dürfen wir getrost abgrenzen. Maria von Magdala fühlt sich von Jesus in Liebe angesprochen. Sie ist ihm begegnet. Sie hat eine neue Qualität von Beziehung erlebt. Diese macht sie glücklich und frei. Sie kann Jesus loslassen, weil das Wort der Liebe, das sie gehört hat, stärker ist als das Nein der Abgrenzung. Das Nein der Abgrenzung vertieft ihre Liebe.

Balance von Nähe und Distanz

Es braucht immer eine gute Balance zwischen Nähe und Distanz. Wenn ich nur Distanz zum anderen halte, dann verhungert er. Ein Mann erzählte, er sei erfroren neben seiner Frau. Denn er war nie gut genug. Sie hat immer nur das gesehen, was ihm fehlt. Sie hat nicht verstärkt, was in ihm ist. Und sie konnte ihm vor lauter Urteilen und Bewerten keine Wertschätzung geben und keine Nahrung und keine Wärme. Es braucht immer ein gutes Miteinander von Nähe und Distanz. Die Nähe des anderen nährt uns. Aber wenn sie zum Festklammern wird, wird die Nahrung einseitig und ungesund. Ein symbiotisches Zusammenleben führt dazu, dass einer vom anderen lebt. Aber damit werden andere Quellen abgeschnitten, die auch noch nähren könnten. Die Quelle des anderen wird irgendwann erschöpft und dann wird die Symbiose zu einem sterilen und unfruchtbaren Miteinander.

Kein Bildnis

Die Beziehung zum Partner oder zur Partnerin bleibt nur lebendig, wenn wir unsere eigenen Bilder überspringen und offen sind für das bildlose Geheimnis des anderen. Wenn ich den anderen auf ein Bild festlege, wird es bald langweilig mit ihm. Ich kenne alle seine Verhaltensweisen, habe für jedes Wort und jedes Verhalten des anderen eine Erklärung.

Die Bildlosigkeit in der Beziehung ist die Voraussetzung, dass ich neugierig bleibe auf den anderen, offen für sein Geheimnis. Max Frisch hat das als das Geheimnis wahrer Liebe entdeckt. „Die Liebe befreit aus jeglichem Bildnis", schreibt er in seinem ersten Tagebuch. Und seine Tochter Ursula Priess, die diesen Satz zitiert, fügt im Buch über ihren Vater – das auch ein Buch ist über die Schwierigkeit ihrer Beziehung zu ihm - hinzu: „Einzig in der Liebe ist es möglich, sich kein Bild zu machen."

Keine Illusionen

Oft stülpen wir dem anderen unsere eigenen Bilder und Wünsche über und lieben dann mehr das Bild, das wir uns vom anderen gemacht haben, als ihn, wie er in Wirklichkeit ist. Den anderen so lieben, wie er ist, das ist nicht leicht. Es verlangt, Abschied zu nehmen von allen Illusionen, die ich mir über ihn gemacht habe. Und es verlangt auch den Abschied von der Illusion, dass Liebe immer ein wunderbares Gefühl ist. Oft ist sie einfach Treue zum andern. Das ist mehr als ihn nur zu ertragen. Sie bedeutet: Ja sagen zu ihm in seiner Durchschnittlichkeit und Banalität.

Ent-Täuschung

Verliebtsein bringt mich in Berührung mit der Liebe, die in mir ist. Aber Verliebtsein ist noch nicht die reine Liebe. Im Verliebtsein ist – so meint C. G. Jung – noch Projektion mit im Spiel. Ich projiziere meine Sehnsüchte in den anderen hinein. Ich liebe in der Frau, in die ich mich verliebt habe, letztlich mich selbst. Ich liebe das in mir, was in mir ist, was ich aber vernachlässigt habe. Die Frau, in die ich mich verliebt habe, erinnert mich an das Vernachlässigte und Übersehene in mir. Die Aufgabe für mich wäre also, dass ich das, woran die Frau mich erinnert, in mir bewusst wahrnehme und entfalte. Dann kann sich das Verliebtsein in Liebe wandeln. Der erste Schritt ist, dass ich unabhängiger von meinem Verliebtsein werde. Die Liebe, die ich zu der Frau empfinde, bringt mich in Berührung mit dem Potenzial meiner eigenen Seele. Und so werde ich frei, die Frau so zu sehen, wie sie wirklich ist. Im Verliebtsein liebe ich letztlich mein eigenes Bild in der Frau. Von dieser Liebe gilt, dass sie blind macht. Denn ich sehe nicht die Frau, sondern mich selbst in ihr. Wenn ich die Projektion zurücknehme, dann werde ich fähig zur wirklichen Liebe.

Nicht klammern

Eine Liebe, die klammert, engt den anderen ein und erstickt allmählich die Liebe. Liebe braucht eine Haltung, die wir in dem klaren Wort Jesu finden: „Halte mich nicht fest!“ Wenn sich jemand festgehalten fühlt, wird er sich gewaltsam loszureißen und zu befreien suchen. Oder er entzieht sich immer mehr der Liebe des anderen. Damit die Liebe lebendig bleibt, braucht es Nähe *und* Distanz. Es braucht nicht nur Verschmelzen, sondern auch Abgrenzung. Und es braucht das Gefühl für die tiefste Unverfügbarkeit des anderen, die Anerkennung des Geheimnisses in seiner Person - damit die Liebe atmen kann, damit sie Heimat bleibt und nicht ein Gefängnis wird.

Wer ungeduldig ist, liebt nicht

Der Liebende lässt dem Geliebten Zeit zu wachsen. Er verzichtet darauf, den andern so zu formen, wie er ihn gerne haben möchte. Er nimmt ihn so, wie er ist. Er nimmt ihn an, er duldet ihn mit all seinen Stärken und Schwächen, mit seinen Fehlern und Grenzen. Der Ungeduldige hat bestimmte Vorstellungen vom andern. Und er meint, der andere müsse seine Vorstellungen sofort erfüllen. Wenn er ihn auf Fehler anspricht, dann müsse er sie möglichst bald ablegen. Doch diese Ungeduld tötet die Liebe. Es ist natürlich, dass wir Wünsche an den Geliebten haben. Wir hoffen für ihn, dass er weiter wächst, dass er manche Fehler ablegen kann. Aber wir lassen ihm Zeit. Wir warten, bis seine Zeit gekommen ist. Der Ungeduldige meint, der andere könne sich sofort ändern. Er bräuchte es nur zu wollen, dann würde es auch gelingen. Hinter der Ungeduld steckt ein enges Menschenbild: Der Mensch muss funktionieren. Er muss alles sofort ändern. Man lässt ihm keine Zeit zum Wachsen und Reifen. Und man weigert sich, ihn in seiner Einmaligkeit anzunehmen. Auch Fehler und Schwächen können ja etwas Liebenswürdiges sein. Aber es hängt an meiner Sicht. Wenn ich geduldig den andern sein lasse, wie er ist, dann werde ich ihn in seiner Einmaligkeit immer mehr lieb gewinnen. Und die Fehler und Schwächen sind nicht mehr so wichtig.

Nicht vereinnahmen

Wir legen im Alltag den anderen oft fest auf das, was wir von ihm erwarten, oder auf das, was wir von ihm kennen. Da braucht es immer wieder einen Schritt zurück, aus dem Alltagsgeschehen heraus, um von dort aus einen neuen Blick auf den anderen zu werfen. Es ist kein Blick, der analysiert oder beurteilt, sondern ein Blick, der wahrnimmt, der die Wahrheit des anderen aufleuchten lässt. Wahrheit heißt im Griechischen ja *aletheia*. Das meint: Das Wesen des Seins wird der Vergessenheit entrissen. Der Schleier wird weggezogen, damit wir auf die eigentliche Wirklichkeit schauen. So geht es in der Wahrnehmung des anderen darum, den Schleier wegzuziehen, den der Alltag immer wieder auf den anderen legt und ihn uns verbirgt, damit wir ihn in seinem wahren Wesen unverhüllt schauen. Das Geheimnis des anderen wird in der Wahrnehmung der Vergessenheit entrissen. Im Alltag vergessen wir immer wieder, wer der andere eigentlich ist. Wahrnehmen heißt: Ich erinnere mich an seine eigentliche Wahrheit. Ich nehme seine Wahrheit in die Hand und trage sie gleichsam wie eine kostbare Perle in meiner Hand. Ich vereinnahme diese Perle nicht, sondern schaue auf sie als auf etwas, das so anders ist als ich und das mich doch auch an die Perle in meiner eigenen Seele erinnert.

7. Hingabe und Sexualität

Sehnsucht nach Ganzheit

Es gibt einen griechischen Mythos, den uns der Philosoph Platon überliefert hat: Die Menschen hatten ursprünglich eine Kugelgestalt und wurden von den Göttern aus Eifersucht entzwei gehauen. Seitdem irren sie umher und suchen ihre andere Hälfte. In der sexuellen Liebe steckt also letztlich die Sehnsucht nach Ganzheit als letzte Motivation. Der Mann fühlt sich allein nicht als ganzer Mensch. Der Frau geht es ähnlich.

Erotik humanisiert die Sexualität. Sie bezeichnet ihre geistig-sinnliche Dimension. Bei Platon verleiht der Eros dem Seelenwagen Flügel. Er ist also eine Kraft, die uns antreibt, nicht nur zum Menschen hin, sondern auch über ihn hinaus auf Gott hin. Aristoteles, der andere große griechische Philosoph, nennt den Eros die kosmische Kraft, die alles Gegensätzliche im Menschen eint und lustvoll alles Trennende zwischen den Menschen und im Menschen überwindet. Er ist die Kraft, die den Menschen antreibt, seine eigene Bedürftigkeit und seinen eigenen Mangel aufzufüllen und so ganz zu werden.

Ausdruck der Liebe

Die Liebe will sich in der Sexualität ausdrücken. Im sexuellen Einswerden erleben die beiden Partner den Höhepunkt ihrer Liebe. Die Liebe zwischen den Ehepartnern braucht die Sexualität, um zu ihrer Vollendung zu kommen. Wenn die Liebe die Sexualität ausklammert, dann ist sie in Gefahr, zu vertrocknen. Aber nicht nur der sexuelle Akt vertieft die Liebe und stärkt die Beziehung. Auch die Erotik – gleichsam eine spirituelle Form der Sexualität – gibt der Liebe zwischen Mann und Frau die rechte Spannung. In der Erotik, so sagt man, prickelt es. Da ziehen sich Mann und Frau gegenseitig an. Und diese gegenseitige Anziehung hält die Liebe lebendig. Auch im Alter gibt es Erotik und Sexualität, die die Liebe nähren. Es ist wunderbar, wenn alte Ehepaare miteinander zärtlich sind, wenn sie immer noch die erotische Anziehung des anderen wahrnehmen und wenn sie noch eine erfüllte Sexualität leben. Je älter wir werden und je länger ein Paar zusammenlebt, desto klarer wird, worauf es eigentlich ankommt: den anderen bedingungslos anzunehmen und ihm in alle Bereiche seines Lebens zu folgen, auch in die Krankheit und Ohnmacht hinein.

Selbstvergessen

Die sexuelle Vereinigung gelingt nur, wenn die Partner sich gegenseitig hingeben, ohne nur auf die eigene Lust oder Gier zu schauen. Dann werden sie wirklich frei von sich selbst und erleben in der Vereinigung höchstes Glück. Aber dieses Glück kann man nicht festhalten. Es braucht immer wieder Augenblicke der Hingabe, um an dieses Glück zu rühren. Die Hingabe, die in der Sexualität gipfelt, will aber ganz konkret im Alltag eingeübt werden. Wenn die Mutter hingebungsvoll für die Kinder sorgt, wenn sie sich voller Hingabe auf die Alltagsarbeit des Haushalts einlässt, wenn der Mann seine Frau voller Hingabe pflegt, wenn sie krank ist, dann geschieht in diesen Augenblicken das Glück des „Sich-Vergessens". George Bernanos meint einmal, es sei eine große Gnade, sich selber annehmen zu können. Wir wissen alle, wie schwer es uns fällt, uns mit all unseren Grenzen anzunehmen. Aber die Gnade aller Gnade besteht darin, sich selbst vergessen zu können. Denn in dem Augenblick, in dem ich mich vergesse, bin ich ganz präsent. Da kreise ich nicht mehr um meine Bedürfnisse. Da frage ich mich nicht danach, wie ich mich fühle, was mir der Einsatz bringt, was mir die Hingabe bringt. Da gebe ich mich einfach hin, da werde ich frei von mir selbst.

Hingabe als Person

Nur wenn ich meine Sexualität ganz personal lebe, wenn meine ganze Person sich mit ihrer Liebe darin ausdrückt und den anderen als Person meint, lebe ich sie angemessen. Wer von seiner Sexualität beherrscht wird, lebt sie nicht als Person. Die innere Freiheit und die Freiheit vom Ego gehören zur erfüllten Sexualität. Das sind aber letztlich spirituelle Haltungen: Die sexuelle Hingabe an den anderen ist nur möglich, wenn ich mein Ego loslasse, mich ganz an den anderen und in den anderen hingebe und mich so in die Liebe und letztlich in Gott hinein hingebe.

Wenn Sexualität gelingt, dann erleben sich Mann und Frau als eins miteinander. Dann spüren sie eine Dimension von Einklang, von Sich-Vergessen und Hingabe, die ihre Sehnsucht nach der Fülle des Lebens und nach Glück für einen Augenblick stillt. Doch man kann die Sehnsucht nicht ein für alle Mal stillen. Sie wird durch jede beglückende Erfahrung in der Sexualität wieder neu geweckt. Ich kann diese Sehnsucht nur angemessen leben, wenn ich sie nicht nur auf die Sexualität richte, sondern darüber hinaus auf die Wirklichkeit richte, die allein für immer die Sehnsucht nach Ekstase erfüllen kann.

Eins mit dem Grund

Wenn ich in der sexuellen Liebe das Geheimnis des anderen Menschen vergesse, wird sie zu einer Gymnastikübung verkommen. Nur wenn ich in der Hingabe an den anderen um sein Geheimnis weiß, wird wirklich Hingabe gelingen. Um das Geheimnis des anderen zu wissen, ist letztlich Ausdruck einer tiefen Spiritualität. So verlangt die Sexualität schon von sich aus nach Spiritualität, damit sie auf Dauer Freude machen kann und nicht zum langweiligen Produzieren von sexuell erregten „Höhepunkten“ wird. Die spirituelle Dimension der Sexualität besteht darin, dass ich in der Hingabe an den anderen immer darum weiß, dass es letztlich eine Hingabe an das Leben, an die Liebe schlechthin ist. Ich gebe mich diesem konkreten Menschen hin, ich werde eins mit ihm. Aber indem ich mit diesem Menschen eins werde, werde ich mit dem Grund allen Seins, mit dem Grund aller Liebe eins.

In allen Beziehungen

Sexualität zeigt uns, dass wir wesentlich auf andere bezogen sind. Wir können und dürfen nicht mit allen, die uns sympathisch sind, eine sexuelle Beziehung eingehen. Aber die Sexualität fließt in die Beziehungen hinein. Sie wird zur Erotik, die unseren Beziehungen Spannung, Lebendigkeit und Kraft verleiht. Und die Sexualität soll auch in die Beziehung zu den Dingen einfließen, indem wir sinnlich die Dinge wahrnehmen und uns daran freuen. Und letztlich möchte die Sexualität auch in unsere Beziehung zu Gott integriert werden. Das geschieht in einer mystischen Spiritualität.

Sexualität und Erotik wollen die Liebe in uns wachhalten. Ohne Liebe vertrocknet unser Leben.

Lust hat in sich etwas vom Geschmack der Ewigkeit, letztlich etwas vom Geschmack Gottes. Sie weist über sich hinaus in eine religiöse Dimension. Wer die Lust mit allen Sinnen erlebt, der ahnt etwas von dem ewigen Gott, der allein unsere tiefste Sehnsucht nach Lust zu erfüllen vermag.

8. Im Alltag der Liebe – Übungswege

Nicht von allein

Beziehung gelingt nicht von allein. Es braucht einen Übungsweg. Letztlich ist es ein spiritueller Übungsweg. Denn auf diesem Weg üben wir die wesentlichen spirituellen Haltungen ein: Achtsamkeit, Ehrfurcht, Liebe, Hingabe, Zuhören, und bedingungsloses Annehmen. Die Arbeit an der Beziehung ist dann letztlich auch eine Arbeit an unserer Gesundheit. Denn gesund ist der Mensch nur, wenn er in Beziehung ist zu sich, zu den Dingen, zu den Menschen und zu Gott. Gesund ist nur der, bei dem das Leben strömt. Und strömen kann es nur, wenn es zum anderen hinströmt.

Miteinander braucht Zeit

Viele, die Führungsaufgaben in einer Firma innehaben, erzählen mir, dass sie gar keine Zeit mehr für menschliche Beziehungen haben. Sie sind so eingespannt in die immer mehr verdichtete Arbeit, dass kaum Raum bleibt, eine Beziehung zu pflegen oder eine aufzubauen. Von ihrer Firma aus sind sie in der ganzen Welt unterwegs. So bleibt kein freier Raum, miteinander etwas zu erleben. Ein Mann war mit einer Frau verheiratet. Beide hatten verantwortliche Posten in ihren Firmen. Sie flogen um den gesamten Erdball, hatten aber kaum Zeit für ihre Ehe. Sie riefen sich gegenseitig aus Hongkong und São Paolo an. Aber wenn die Beziehung sich auf das Telefonieren beschränkt, muss sie irgendwann scheitern. Und vor allem sahen beide keine Möglichkeit, eine Familie mit Kindern aufzubauen. So ging die Beziehung auseinander. Der Tempodruck der Welt, mit dem wir alle leben, führt bei vielen dazu, dass sie nicht mehr die Geduld für das Wachsen einer Partnerbeziehung aufbringen. Auch die Enttäuschung wird so bei vielen beschleunigt – viele trennen sich schon nach immer kürzerer Zeit.

Durchschnittlichkeit

Alle zu hohen Erwartungen an mich selbst und an den Partner führen zum Scheitern. Diese Aussöhnung mit der Realität unserer Beziehung geht aber nur über das Betrauern. Ich betrauere, dass unsere Ehe so ist, wie sie ist, dass der Partner meine Erwartungen nicht erfüllt, dass ich selbst meine eigenen Ansprüche nicht erfülle. Nur wenn wir die Durchschnittlichkeit unserer Beziehung und unserer Selbst betrauern, kommen wir an das positive Potential heran, das auch in uns steckt. Und dann dürfen wir dankbar genießen, was unsere Ehe auch ist: dass wir treu zusammen stehen, dass wir uns aufeinander verlassen können, dass wir gemeinsam eine Familie gestalten, einen Haushalt meistern, für einander da sind. Wenn wir aber unsere Durchschnittlichkeit nicht betrauern, dann werden wir entweder jammern über den Zustand unserer Ehe oder aber den anderen anklagen, dass er daran schuld ist, dass unsere Ehe so schwierig ist.

Achtsamkeit hilft

Achtsam sein auf den anderen, heißt auch: achtsam sein auch auf das andere in ihm. Es ist wichtig, sich immer wieder in den andern hineinzuversetzen, sich zu fragen, wonach er sich sehnt, woran er leidet, warum er so empfindlich ist, warum er so reagiert. Ich darf nicht alles persönlich auf mich beziehen. Sein Verhalten sagt etwas über ihn aus. Und wenn er schwierig ist, dann hat das immer einen Grund in seiner Lebensgeschichte. Auf diese Weise beiße ich mich nicht fest an seinem Verhalten. Ich versuche, dahinter zu sehen, es zu verstehen. Wenn ich es verstehe, kann ich besser darauf reagieren. Bei allen Begrenzungen, die ich im andern sehe, muss ich aber auch an das Gute in ihm glauben. Nur wenn ich an das Gute in ihm glaube, wird er den guten Kern in sich entfalten. Dazu kann ich aktiv beitragen. Mein Glaube an das Gute in anderen wächst, wenn ich etwa für ihn bete oder wenn ich ihn segne. Im Segen wünsche ich einem Menschen das, was er braucht, um mit sich in Frieden zu kommen. Im Gebet lerne ich, den andern mit neuen Augen zu sehen. Und genau diese Fähigkeit – den anderen mit neuen Augen zu sehen – ist entscheidend für das Gelingen einer Beziehung.

Aufeinander achten

Wenn ich achtsam bin, achte ich auf den anderen. Ich nehme ihn wahr in seinen Gefühlen, in seinen Reaktionen. Ich spüre mich in ihn hinein, wie es ihm geht. Und ich frage mich, was er braucht. Das tut ihm gut. Aber wenn ich achtsam bin, gehe ich gut auch mit meinen eigenen Gefühlen um.

Viele Beziehungen kranken daran, dass der Partner nicht beim anderen ist, sondern bei seiner Arbeit oder bei den Sorgen, die er sich um die Zukunft macht. Lebendig wird eine Beziehung durch Achtsamkeit. Das bedeutet: Ich achte auf mich, auf meine Gefühle und Regungen. Und ich achte auf die Regungen und Bedürfnisse des anderen. Ich spüre mich in ihn hinein. Ich lege ihn nicht fest auf ein Bild, sondern bin bereit, mich in sein Inneres zu versetzen, mir vorzustellen, wonach er sich sehnt, wie es ihm geht, was er fühlt.

Achten hat mit Wachen zu tun. Wir schlafen oft. Wir haben uns eingelullt mit irgendwelchen Vorstellungen vom Leben und vom anderen. Achtsam leben heißt: aufwachen, die Augen aufmachen und den anderen so anschauen, als ob man ihn noch nie gesehen hat. Es bedeutet: jemanden nicht nur mit äußeren Augen anzuschauen, sondern mit den Augen des Herzens.

Das Herz sieht tiefer

Antoine de Saint-Exupéry enthüllt in seiner Parabel vom „Kleinen Prinzen" das Geheimnis des Glücks: „Adieu, sagte der Fuchs. Hier mein Geheimnis: Es ist ganz einfach: Man sieht nur mit dem Herzen gut. Das Wesentliche ist für die Augen unsichtbar."

Die Augen sehen die Oberfläche. Sie nehmen wahr, wie die Gesichtszüge des andern sind. Sie nehmen den Ärger wahr, die Unzufriedenheit, die Verschlossenheit, die Härte, den Gram und das Leid. Das Herz sieht tiefer. Es sieht hinter das Antlitz eines Menschen. Es sieht in sein Herz. Und im Herzen eines jeden Menschen erkennt es die Sehnsucht, gut zu sein, im Frieden mit sich und der Welt zu sein, die Sehnsucht, sich und sein beschädigtes Leben Gott hinzuhalten und in Gott Heilung zu finden und in Einklang zu kommen mit sich selbst. Das Wesentliche eines Menschen ist unsichtbar. Aber auch das Wesentliche der Welt. Lebenskunst besteht darin, mit dem Herzen zu sehen.

Nur wenn ich mit dem Herzen sehe, begegne ich in der Blume der Schönheit ihres Schöpfers und im Baum meiner eigenen Sehnsucht, fest verwurzelt zu sein in einem tieferen Grund. Nur das Herz sieht in allem die Spuren jener letzten Wirklichkeit und Gewissheit, die mich aus dem Antlitz jedes Menschen und aus jedem Stein und jedem Grashalm anblickt, um mir zu sagen: „Du bist geliebt. Die Liebe umgibt dich in allem, was du siehst."

Dankbarkeit

Wir sind dankbar für die Liebe, die Gott uns geschenkt hat, für den Partner, dass er uns annimmt und für uns da ist, dass sie treu ist und fair mit uns umgeht. Wir sind dankbar für die Liebe, die wir spüren dürfen. Wir erleben, dass die Liebe letztlich immer ein Geschenk ist, das wir uns nicht anrechenbar verdient haben. Sie ist ein Geheimnis, das uns in der Tiefe miteinander verbindet. Diese Dankbarkeit braucht – wie in der Spiritualität immer – wieder einen Ausdruck. Die Möglichkeiten dazu sind viele. … Dankbarkeit ist freilich keine Sonntagshaltung. Es geht auch darum, die Dankbarkeit im Alltag zu üben und dem anderen immer wieder durch ein kleines Zeichen – verbal ausdrücklich oder zeichenhaft-symbolisch – zu zeigen, dass wir wahrnehmen, was er oder sie für uns tut. Wir danken aber nicht nur für das, was er tut, für das, was er uns sagt, sondern auch für sein *Sein.* Manchmal tut es gut, dem anderen einfach zu danken, dass er so ist, wie er ist, dass er an unserer Seite ist, dass wir einander lieben dürfen.

Gute Balance

Wenn ich immer am anderen klebe, kann er nicht aufatmen, hat keine Möglichkeit, sich von etwas anderem zu nähren als von mir. Aber ich allein bin nicht Nahrung genug. Für den einen ist die Musik zusätzliche Nahrung, für den anderen der Besuch eines Museums, für den anderen ein Spaziergang durch die Natur, für andere ein Kurs über Meditation oder spirituelle Themen. Und für viele sind ihre Freunde Nahrung. Wenn sie sich mit Freunden treffen und austauschen, fühlen sie sich gestärkt. Untersuchungen zeigen, dass Eheleute, die einen guten Freundeskreis haben, jeder für sich und auch gemeinsam, besser miteinander auskommen. Sie überfordern sich nicht mit gegenseitigen Erwartungen. Sie haben auch andere Quellen, aus denen sie sich nähren.

Es braucht immer eine gute Balance zwischen Nähe und Distanz. Wenn ich nur Distanz zum anderen halte, dann verhungert er. Ein Mann erzählte mir, er sei erfroren neben seiner Frau. Denn er war nie gut genug. Sie hat immer nur das gesehen, was ihm fehlt. Sie hat nicht verstärkt, was in ihm ist. Und sie konnte ihm vor lauter Urteilen und Bewerten keine Wertschätzung geben und keine Nahrung und keine Wärme. Es braucht immer ein gutes Miteinander von Nähe und Distanz. Die Nähe des anderen nährt uns. Aber wenn sie zum Festklammern wird, wird die Nahrung einseitig und ungesund.

Wertschätzung schenken

Respekt kommt von *respicere*, nochmals auf den anderen schauen. Weil ich im Alltag oft am anderen vorbeisehe, halte ich inne, um nochmals einen Blick auf ihn zu werfen, ihn von Neuem anzusehen. Respekt heißt auch; Rücksicht nehmen, wieder von Neuem auf den anderen sehen, um ihn zu beachten. Ich gehe nicht an ihm vorbei. Ich drehe mich um, um auf ihn zu sehen. Das deutsche Wort „ansehen“ hat ja eine tiefere Bedeutung. Wenn ich jemanden ansehe, schenke ich ihm Ansehen, schenke ich ihm Wertschätzung. Im Anschauen drücke ich ihm meine Wertschätzung aus. Ich schätze seinen Wert, seine Würde, seine Einmaligkeit und Einzigartigkeit. In Gesprächen höre ich oft: „Mein Mann sieht mich gar nicht. Er sieht nur seine eigenen Sachen. Ich fühle mich völlig übersehen.“ Wenn der Mann die Frau kaum ansieht, dann fühlt sie sich übersehen. Dann leidet sie an seiner mangelnden Wertschätzung.

Aber diese Wertschätzung soll nicht nur in einem Blick ausgedrückt werden, sondern auch mit Worten. Der andere braucht meine Worte, die seinen Wert ansprechen, damit er an seinen eigenen Wert zu glauben vermag. Die Wertschätzung wird auch in Geschenken ausgedrückt. Dabei geht es nicht um den materiellen Wert der Geschenke. Manche versuchen durch die Höhe des Geschenkes ihre Wertschätzung auszudrücken. Doch manchmal erscheint das Geschenk als Ersatz für die Wertschätzung, die im Alltag fehlt. Dennoch braucht die

Liebe immer wieder das Schenken. Das deutsche Wort „schenken" kommt ja aus der Sprache des Wirtes. Der Wirt schenkt mir etwas ein, damit ich meinen Durst löschen kann. So geht es im Geschenk darum, etwas zu suchen, was den Durst des anderen nach Liebe löscht, was ihn auf seinem Weg nährt. Nicht der materielle Wert macht das Geschenk aus, sondern die Phantasie und die Liebe, die ich hineinlege.

Wertschätzung

Ordnungen der Liebe

Die Liebe lebt von der Spontaneität und Kreativität. Und doch braucht sie auch konkrete Formen, damit sie nicht verblasst. Gefühle kommen und gehen. Es braucht Anhaltspunkte, an denen ich mit dem Gefühl der Liebe in Berührung komme. Solche Anhaltspunkte und Erinnerungspunkte sind die Rituale. Sie halten meine Liebe lebendig. Sie sind der Ort, an dem Gefühle ausgedrückt werden, die sonst nie ausgedrückt werden. Sie vertiefen die Beziehungen zwischen den Menschen und schaffen eine gemeinsame Identität. Sie verbinden uns auf einer tieferen Ebene als der des Verstandes und des Willens, tiefer auch als das Gefühl. Das gilt vor allem für die Rituale der Zweisamkeit. Manche Paare haben das Ritual, sich am Morgen mit einem Kuss zu begrüßen und sich abends mit einem Kuss in die Nacht zu verabschieden. Das mag flüchtig erscheinen. Aber wenn das Ritual täglich geübt wird, gibt es doch jeden Tag zumindest eine zärtliche Berührung des anderen. Manchmal wird der Kuss intensiver sein, manchmal ist er nur der alltägliche Vertrauensbeweis, dass es uns um die gemeinsame Liebe ernst ist.

Zeichen der Verbundenheit

Zu Beginn einer Partnerschaft schreiben wir dem anderen oft einen Brief, in dem wir ihm unsere Liebe ausdrücken. Wenn Partner zusammen sind, denken sie, sie könnten alles miteinander besprechen. Doch von Zeit zu Zeit ist es auch da gut, dem anderen einen Brief zu schreiben. Der Brief braucht immer einen besonderen Anlass, entweder den Geburtstag oder Hochzeitstag oder aber eine schwierige Situation, in der man sich im Gespräch nicht näherkommt und keine Klarheit gewinnt. Für einen Brief nehme ich mir Zeit. Ich setze mich hin und überlege genau, was ich dem anderen schreibe. Ich schreibe voller Wohlwollen und Liebe. Ich bitte beim Schreiben, dass Gott mir die richtigen Worte eingebe. Und ich schreibe das, was ich dem anderen schon längst einmal sagen wollte, was ich aber oft nicht übers Herz bringe, ihm zu sagen. Ich kann ihm versichern, wie wichtig er für mich ist, wie sehr ich ihn liebe und wie dankbar ich für seine Liebe bin. Solche Briefe vertiefen die Liebe und führen uns in den Grund unserer Liebe, in den Grund, in dem Gottes Liebe uns miteinander verbindet. Es gibt heute natürlich viele andere Möglichkeiten, miteinander zu kommunizieren. Da ist das Telefon, das uns auch bei Trennung miteinander verbindet. Oder wir schreiben uns kurze Botschaften per SMS. All das sind Zeichen unserer Verbundenheit und all das können zugleich Wege sein, die Verbundenheit zu vertiefen.

Erinnerung belebt

Ein Weg, die Beziehung zu stärken, ist die Erinnerung an den Beginn. Was hat uns damals zusammengeführt? Was war die Faszination? Die Liebe, die einmal war, ist nicht einfach vergangen. Sie hat sich vielleicht verändert oder sie ist abgeflacht. Ich kann auch nicht die Gefühle wiederholen, die im Verliebtsein in mir aufgebrochen sind. Denn diese intensiven Gefühle haben immer auch mit Projektion zu tun. Die Frau, in die ich mich verliebe, weckt in mir starke Gefühle. Sie berührt meine tiefe Sehnsucht nach Einssein. Sie bringt mich in Berührung mit den Gefühlen, die tief in meiner Seele schlummern und geweckt werden wollen. Aber wenn ich mich an den Beginn erinnere, dann spüre ich nicht nur das Verliebtsein und die Gefühle, sondern auch eine Ahnung von dem Kostbaren und Einzigartigen, was diese Frau verkörpert. Zumindest hat es mich damals angesprochen. Vielleicht habe ich in ihr die Verheißung von Glück, von Mütterlichkeit, von Schönheit, von Lebendigkeit, von Liebe gesehen. Was bleibt von dieser Verheißung übrig? Wenn ich all die tiefen Gefühle einmal beiseite lasse und nüchtern anschaue, was mich zu dieser Frau hingezogen hat, was taucht dann auf? Es ist ja etwas, das bei aller Projektion doch auch in diesem Menschen liegt. Und es liegt heute noch in ihm. So kann die Erinnerung an früher mich offen machen für das, was diese Frau oder diesen Mann ausmacht. Und ich kann von neuem Ja sagen zu dieser konkreten Person. Sie hat im Laufe der Zeit auch andere Seiten gezeigt. Aber das, was mich damals angezogen hat, ist auch noch in ihr. Und wenn ich diesen Menschen von dieser Seite aus betrachte, erscheint er mir in einem anderen Licht. Und ich komme wieder mit der Liebe in Berührung, die damals in mir aufgebrochen ist.

Treue

Die Treue entspricht der tiefsten Sehnsucht des Menschen. Treue kommt von Festigkeit. Treue gibt den Ehepartnern einen festen Grund, auf dem sie stehen können. Treue – so sagt der Philosoph Friedrich Bollnow – ist immer Du-Treue. Ich verspreche nicht ein Verhalten, sondern ich verspreche mich dem anderen.

Ich verspreche, dem anderen gegenüber treu zu sein. Manche meinen, wir könnten keine Treue versprechen, wir müssten uns ja jeden Augenblick neu entscheiden. Doch Bollnow sagt zurecht, dass die Treue mich als Person in einer guten Weise festlegt. Sie zeigt mir, dass ich über den Augenblick hinausreiche. Treue spricht bei allen Wandlungen, die wir durchmachen, das Gleichbleibende in uns an, das was unsere Identität im tiefsten ausmacht. Dem anderen Treue zu versprechen, bedeutet, „durch alle Wandlungen, die sich in mir und in anderen vollziehen werden, treu zu bleiben. Ich sage ja zu Menschen, die sich verändern werden, sage ja zu etwas, das sich erst im Dunkel der Zukunft enthüllen wird". Auch wenn die Treue manchmal nicht durchgehalten werden kann, ist in ihrem Versprechen doch die Ewigkeit mitgemeint. Wir versprechen immer dauerhafte, also ewige Treue. Darin liegt die Bereitschaft, mit dem anderen durch alle Schwierigkeiten des Lebens hindurchzugehen. Dieses Versprechen gibt vielen Menschen Kraft, Konflikte miteinander in guter Weise durchzustehen.

Aber bei allem Ernst des Versprechens wissen wir auch, dass es Scheitern gibt. Das Versprechen der Treue verhindert das Scheitern nicht. Aber es gibt auch dem Scheitern seinen Ernst. Es lässt uns nicht bei der ersten Schwierigkeit den Bund auflösen.

Gute und böse Tage

Bei der kirchlichen Hochzeit versprechen die beiden Partner sich gegenseitig die Treue „in guten und bösen Tagen, in Gesundheit und Krankheit." Und sie fahren fort: „Ich will dich lieben, achten und ehren, solange ich lebe." Es ist ein großes Wort, das sich die Ehepartner im Vermählungsspruch einander zusagen. Es kommt darauf an, dieses Wort dann durchzuhalten. Denn es kommen Tage, die nicht so gut sind. Tage, wo man sich auf die Nerven geht, wo die Ehe in eine Krise gerät, da man das gemeinsame Fundament nicht mehr sieht. Den anderen auch dann lieben, wenn böse Tage kommen, das ist Ausdruck einer spirituellen Liebe, die mehr ist als eine erotische Liebe. Dieses Versprechen gilt auch, wenn der Weg der Ehepartner auseinandergeht, aus welchen Gründen auch immer. Auch dann kommt es darauf an, den Partner weiter zu lieben, zu achten und zu ehren. Wenn ich den Ehepartner, der mich verlassen hat, nur schlechtmache, dann mache ich einen Teil von mir schlecht. Denn immerhin habe ich mit diesem Mann, mit dieser Frau eine Zeit lang gelebt. „Ehren" im Gespräch heißt nicht, dass ich seine Schuld verdränge oder dass ich den Schmerz unterdrücke, den er mir mit seiner Trennung bereitet hat. Aber ich ehre in ihm immer noch den, den ich einmal geliebt habe. Ich verliere die Achtung nicht, auch wenn er vielleicht Wege geht, die ich nicht verstehe und die negative Seiten in ihm zeigen.

Auch Liebe

Was heißt es, den anderen zu lieben, auch wenn keine starken Liebesgefühle in mir sind? Wenn ich betrauere, dass wir momentan keine heiße Liebe erfahren, sondern eher eine nüchterne, dann kann ich vielleicht auch die Kraft dieser alltäglichen Liebe dankbar annehmen. Es ist eine Liebe, die sich in Solidarität äußert, in Fairness, in Zuverlässigkeit, in Hilfsbereitschaft, in der Achtung des anderen. Das ist nicht die Liebe, die eine Ehe ausmacht und im Innersten zusammenhält. Aber es ist doch auch Liebe. Und auch diese Liebe kann die Ehe eine Zeit lang retten. Wir sollten allerdings nie die Hoffnung aufgeben, dass diese nüchterne und alltägliche Liebe sich wieder in eine lebendige Liebe wandelt. Manche meinen, die Liebe sei nur freundschaftlicher Natur, aber sie reiche nicht für eine Ehe. Sie würden sich gut verstehen, aber es fehle die Leidenschaft, das Begehren des anderen. Wenn wir so reden, haben wir feste Vorstellungen, wie die Liebe sein müsse. Das, was unserer Liebe fehlt, sollen wir betrauern, um das Geschenk einer freundschaftlichen Liebe genießen zu können. Es ist schon viel, freundschaftlich miteinander zu leben, sich zu achten und zu ehren, sich gegenseitig zu ergänzen. Es muss nicht immer die große erotische Liebe sein.

9. Schmerz und Heilung

Wunden

Wenn die Liebe die Verletzung in uns aufdeckt, meinen wir nicht selten, der andere würde uns verletzen. Und wir zahlen es ihm heim, indem wir ihn auch kränken. So entsteht ein Teufelskreis der gegenseitigen Verletzungen, die die Liebe nicht vertiefen, sondern zerstören. Wer sich auf den Weg der Liebe einlässt, muss wissen, dass es ein Weg in die Wahrheit ist, ein Weg, auf dem ich meine eigene Wahrheit entdecke und die des andern. Die Erkenntnis der Wahrheit ist das wirklich Schmerzliche. Aber die Liebe wäre auch die Chance, diese Verletzung zu heilen. Wenn ich mich selbst mit meinen Wunden annehme und den andern wegen seiner Verwundungen nicht verurteile, sondern ihn gerade so liebe, wie er ist, dann vermag die Liebe meine und seine Wunden zu heilen.

Verletzungen

Es gibt keine Beziehung ohne Verletzung. Die Beziehung wächst durch immer größere Nähe. Aber sie kann auch durch Verletztwerden wachsen: Die Verletzungen können mich nämlich für den anderen öffnen. Sie zeigen, dass ich meine Fassade nicht aufrecht erhalten kann. Wenn ich den anderen wirklich spüren will, muss ich aus meinem Lebenshaus heraustreten und mich dem anderen so zeigen, wie ich bin. Die Verletzung zeigt mein Herz in seiner Bedürftigkeit. Ich zeige meine Empfindlichkeit und Verletzlichkeit. Davor haben viele Angst. Sie wollen nach außen hin stark erscheinen, unverletzlich. So müssen sie sich verschließen. Sie haben Angst, negativ bewertet zu werden, wenn sie ihre Verletzlichkeit offenbaren. Es ist ein tiefes Misstrauen in ihnen, dass sie so, wie sie sind, nicht gut sind.

Aufbrechen

Die Brüche in unserer persönlichen Lebensgeschichte und die Brüche in unserem Miteinander wollen uns immer mehr aufbrechen für unsere innere Wahrheit und für die Wahrheit des anderen. Durch die Brüche können wir einander näherkommen. Wir brechen uns füreinander auf. Wir lassen den anderen hineinschauen in die Abgründe unsere Seele, die durch einen äußeren Bruch in uns aufgebrochen sind. Und dort brechen alle Masken zusammen, die wir manchmal doch noch aufsetzen, um den anderen nicht so nah an uns heranzulassen. Die Brüche zerbrechen alle Hindernisse, die wir zwischen uns aufgebaut haben. Sie sind die Chance, dass wir uns in unserer Wahrheit näherkommen und uns nun bedingungslos annehmen. Wir nehmen den anderen nicht mehr nur mit seinem Erfolg, mit seinen Stärken, mit seiner Harmonie an, sondern auch in seiner Disharmonie, in seinem Misserfolg, in seinen Schwächen. Das befreit uns selbst davon, dass wir dem anderen etwas beweisen müssen. Aber es tut auch weh. Wir müssen Abschied nehmen von den Illusionen, die wir uns von uns und vom anderen gemacht haben.

Verletzliche Nähe

Es gibt auch in der gelebten Sexualität zwischen Mann und Frau in der Ehe oder in der Freundschaft immer wieder viele Verletzungen. Denn in der Sexualität komme ich dem anderen in einer Weise nahe, die alle Schranken überspringt. Wenn ich aber dem Menschen hart, gierig, süchtig oder triebhaft begegne und ihn nicht als Person respektiere, dann verletze ich ihn. So bräuchte es also eine Sexualität, in die ich meine ganze Liebe, meine Zärtlichkeit, meine Achtsamkeit und meine Ehrfurcht vor dem Geheimnis des anderen hineinlege. Und es bräuchte eine Erotik, die im Erleben menschlicher Nähe und Zärtlichkeit die erotische Nähe Gottes selbst erahnt und sich für Gottes unbegreifliche Liebe öffnet.

Wundgerieben

Viele Ehepaare haben sich durch ständige Vorwürfe und Verletzungen gegenseitig wund gerieben. Da führt es nicht weiter, wenn sie ihre Verletzungen immer wieder durchsprechen und sie zu verstehen suchen. Es ist hilfreicher, wenn sie sich von den Verletzungen auf diesen inneren Raum zurückziehen, in dem sie noch heil und ganz sind, zu dem die Verletzungen nicht vordringen. In diesen Raum der Stille kann sich jeder Partner immer wieder zurückziehen, um mit sich in Berührung zu kommen. Dann kann er sich von dieser Erfahrung des Heilseins aus dem anderen zuwenden. Er wird dann nicht mehr jedes verletzende Wort persönlich nehmen. Er wird es als Ausdruck eigener Verletzungen des Partners anhören können, ohne gleich mit Vorwürfen reagieren zu müssen. Wenn ich mich selbst spüre, wenn ich in Berührung bin mit dem inneren Raum der Stille, in dem ich frei und heil bin, dann gehe ich unabhängiger in die Beziehung zu meinem Partner oder zu meiner Partnerin. Ich entwickle dann ein Gespür für die richtige Reaktion: ob ich mich lieber in diesen inneren Raum zurückziehe oder ob ich jetzt die Kraft habe, mich der Auseinandersetzung zu stellen und mit meinem Gegenüber zu klären, was da gerade abläuft.

Konflikte als Chance

Wenn ein Konflikt entsteht, dann sollen die beiden Konfliktpartner sich immer bewusst sein: Der andere darf anders denken und er muss nicht so fühlen wie ich. Ich mache ihm den Konflikt nicht zum Vorwurf. Der Konflikt kann eine Chance sein, von den oberflächlichen Reibungspunkten in die Tiefe zu gelangen, dorthin, wo wir unseren gemeinsamen Grund haben. Dieser gemeinsame Grund kann auch verschiedene Standpunkte aushalten und tragen. Wir müssen nicht einer Meinung sein. Es muss nicht immer Harmonie herrschen. Jeder Konflikt führt zur Reibung. Er kann uns aufreiben. Aber er kann uns auch näher zusammenbringen. Wo Reibung ist, sagt das Sprichwort, da entsteht Wärme. Konflikte führen oft zu einer größeren Wärme in der Liebe.

Streit und Aggression

Zur Liebe gehört immer auch die Aggression. Die Aggression will das Verhältnis zwischen Nähe und Distanz regeln. Und die Aggression ist ein Anruf, sich nicht einfach anzupassen und sich durch die Anpassung selbst aufzugeben. Wenn Sie die Lust spüren, immer entgegen zu halten, dann steckt darin durchaus etwas Gesundes: Sie wollen nicht immer klein beigeben. Sie wollen Sie selbst sein. Sie wollen sich jetzt nicht anpassen, sondern zeigen, dass Sie eine eigenständige Person sind. Aber weil Sie das zu lange vernachlässigt haben, kommt es auf einmal in einer Weise hoch, die Sie auch als böse und zerstörerisch erleben. Wenn etwas böse wird, ist es immer ein Zeichen, dass da etwas zu lange verdrängt oder unterdrückt worden ist. Söhnen Sie sich also aus mit Ihrer Aggression. Und überlegen Sie sich, wie Sie die Aggression im Alltag leben wollen. Wenn Sie Ihre Aggression spüren, ist es immer ein Zeichen: Jetzt muss ich wachsam sein, damit ich ich selber bleibe und mich selbst nicht aufgebe. Erschrecken Sie nicht über Ihre Aggression. Sie ist gesund. Sie zeigt Ihnen, dass eine Beziehung nur gelingt, wenn beide sich nicht aufgeben, sondern sie selber bleiben. Zur Liebe gehört immer beides: das Angezogensein durch den andern, die Sehnsucht, mit ihm zu verschmelzen, und zugleich das Wissen, dass ich ich selbst bleiben muss. Sonst würde ich mich verlieren. Je bewusster Sie Ihre Aggression wahrnehmen, desto besser können Sie mit ihr umgehen. Sie wird dann nicht mehr zerstörerisch wirken, sondern fruchtbringend und belebend. Aber verabschieden Sie sich auch von dem Anspruch, immer gegenhalten zu müssen. Sich auf den Wunsch des Partners einzulassen, ist nicht immer ein Zeichen von Schwäche. Es kann auch ein Zeichen von Stärke sein. Sie sind frei genug, auch einmal den eigenen Wunsch loszulassen und sich auf den anderen einzulassen, so wie er ist. Aber Ihr Dagegenhalten geht ja nicht nur auf gemeinsame Vorhaben, sondern offensichtlich auch auf die Person Ihres Partners. In Ihrer Aggression steckt der Wunsch, zu bestimmen, wie der andere sein soll. Malen Sie sich diesen Wunsch aus. Dann werden Sie merken, dass er unrealistisch ist. Ihre Aggression ist die Einladung, den anderen so zu nehmen, wie er ist, mit seinen Stärken und Schwächen, mit seinen Licht- und mit seinen Schattenseiten.

Vergeben

Menschliches Miteinander kann nur aus der Vergebung heraus bestehen. Wenn die Partner nicht bereit sind, sich gegenseitig zu vergeben, werden sie sich gegenseitig immer wieder ihre Fehler aufrechnen. Die Rechnung, die der andere zu begleichen hat, wird dann im Lauf des Miteinanders immer größer. Aber der andere ist nicht bereit, sie zu bezahlen, sondern präsentiert dem Partner eine Gegenrechnung. Doch mit solchem Aufrechnen ruiniert man die Ehe. Die Vergebung reinigt die Atmosphäre. Wer vergibt heilt nicht nur sich selbst, er kann auch den anderen wieder bedingungslos lieben, ohne inneren Vorwurf. Wenn Vergebung nicht geschieht, wächst die gegenseitige Aversion. Und irgendwann kann die Liebe in Hass umschlagen. Vergebung heißt zunächst: Ich befreie mich von der negativen Energie, die durch die Verletzung in meiner eigenen Seele herumschwimmt und sie verunreinigt. Dann bedeutet Vergebung: Ich lasse die Verletzung beim anderen. Ich gebe sie weg. Ich kreise nicht mehr um sie. Ich benutze die Verletzung nicht als Vorwurf gegen den anderen, sondern vergebe sie. Die Vergebung geschieht aber nicht aus einer Position des Stärkeren heraus. Denn dann würde ich dem anderen nur vermitteln: Ich bin ja großherzig, nur du hast Fehler! Vergebung geht nicht mit der Schuldzuweisung an den anderen einher. Ich vergebe vielmehr im Bewusstsein: Auch ich trage meinen Teil der Schuld. Immer vergebe ich zugleich mir selbst *und* dem anderen. Nur dann geschieht die Vergebung so, dass der andere sie annehmen kann.

Nicht der Dumme

Einer Frau, die mir von der Untreue ihres Mannes erzählte, sagte ich: Vergeben heißt nicht, dass Sie einfach die Dumme sind, die alles zulässt, was Ihr Mann tut, nur damit Sie ihn nicht verlieren. Auf diese Weise würden Sie sich selbst nicht ernst nehmen. Trotzdem ist Vergebung möglich. Doch die Vergebung braucht Schritte.

Der erste Schritt ist, dass Sie den Schmerz zulassen, den Ihnen Ihr Mann antut. Stellen Sie sich dem Schmerz. Der zweite Schritt ist, die Wut zulassen. Spüren Sie die Wut auf Ihren Mann, der Sie so verletzt hat. Diese Wut sollten Sie zugleich in Kraft verwandeln, Ihr Leben selbst in die Hand zu nehmen. Die Wut wird zum Ehrgeiz: „Ich kann selber leben. Ich bin nicht völlig von Dir abhängig." Dann der dritte Schritt. Fragen Sie sich: Was drückt sich in der Untreue des Mannes für unsere Beziehung aus? Meldet sich da nicht der Traum von einer umfassenderen Liebe zu Wort? Dann werden Sie Ihrem Mann nicht nur Vorwürfe machen. Sie werden mit ihm darüber sprechen, wofür diese fremde Beziehung steht. Ist sie ein Zeichen, dass er unerfüllt ist? Hat er romantische und unreife Vorstellungen von Liebe und Ehe? Oder aber ist es eine Herausforderung, die eigene Ehe neu zu überdenken und zu überlegen, was da zur Routine geworden ist und wie sie wieder lebendiger gestaltet werden kann. Dieses objektive Anschauen hilft, von einseitigen Schuldzuweisungen loszukommen.

Manchmal fehlt uns die Freiheit in der Beziehung. Manchmal ist es die Leidenschaft der Liebe, die mit der Zeit schwächer geworden ist.

Nach diesen drei Schritten kommt erst der Akt der Vergebung. Vergebung ist zunächst ein Akt der Befreiung. Ich befreie mich von der negativen Energie, die durch die Verletzung in mir ist. Und ich befreie mich von der zu engen Bindung an den, der mich verletzt hat. Ich lasse seine Schuld bei ihm und kreise nicht ständig darum. Auch da kann es helfen, ein Ritual der Versöhnung – vielleicht gemeinsam mit dem Therapeuten – durchzuführen. In so einem Versöhnungsritual könnte man einen Schlussstrich unter die Verletzung durch die Untreue ziehen, das Alte begraben und neu anfangen. Vergeben heißt nicht, es sich selbst und dem anderen zu leicht zu machen. Die Untreue muss aufgearbeitet werden. Dann kann sie begraben werden. Dann wird sie nicht mehr zum Vorwurf gegen den anderen dienen, ein neues Miteinander wird möglich.

Der Hoffnung langer Atem

Wenn ich vom Partner erwarte, dass er dies oder jenes ändert, dann bin ich immer wieder enttäuscht, dass er es doch nicht tut. Und oft genug fühlt sich der andere von meinen Erwartungen erdrückt. Weil er den Erwartungen nicht gerecht werden kann, wird er aggressiv. Und ich selbst reagiere auf die Nichterfüllung der Erwartungen mit Enttäuschung. Hoffen ist – so sagt der französische Philosoph Gabriel Marcel – immer Hoffen auf dich und Hoffen für dich.

Viele werfen sich gegenseitig vor: „Ich sehe nichts von dem, was du mir versprochen hast. Du wolltest doch das oder jenes ändern. Ich sehe bei dir gar keine Bemühung, etwas zu verbessern." Solche Worte legen den anderen fest auf das Sichtbare. Die Hoffnung sieht auf das Unsichtbare. Sie hofft darauf, dass im anderen etwas ist, was ich noch nicht sehe, was aber irgendwann zum Vorschein kommen will. Ohne Hoffnung wird das Zusammenleben zur Hölle, wie Sartre es beschrieben hat. Dante hat über die Hölle das Wort gesetzt: „Lass alle Hoffnung fahren!" Die Hoffnung gibt den anderen nie auf und auch sich selbst nicht. Ich fange immer wieder neu an. Ich gebe die Hoffnung nicht auf, dass wir einen Weg zueinander finden. Menschen ohne Hoffnung lassen dem anderen vielleicht zwei oder drei Chancen. Dann ist es mit ihrer Geduld zu Ende. Die Hoffnung hat einen langen Atem. Sie hofft auf das, was sie noch nicht sieht. Damit ermöglicht sie auf Dauer eine Entfaltung und Verwandlung.

Was bleibt

Vorwürfe wecken die Liebe nicht auf, im Gegenteil, sie vertreiben sie. Es gilt, sich einverstanden zu erklären mit der Durchschnittlichkeit der eigenen Liebe und der Liebe des Ehepartners. Wenn ich die Durchschnittlichkeit betrauere, dann führt mich das Betrauern in den Grund meiner Seele. Und dort entdecke ich das große Potenzial an Liebe, das Gott mir geschenkt hat. Dann kann ich auf einmal die positiven Seiten der Liebe entdecken: Wir gehen fair miteinander um. Wir achten einander. Wir stützen einander. Wir sind einander treu. Das alles ist Ausdruck unserer Liebe. Wir können sie nicht immer in Gefühlen ausdrücken. Die Gefühle kommen und gehen. Doch die Liebe, die jenseits der Gefühle ist, die göttliche Liebe, die als Quelle unsere menschliche Liebe speist, bleibt immer.

10. Sehnsucht nach Unendlichkeit

In der Sehnsucht ist schon alles

Saint Exupery sagt einmal: „In der Sehnsucht nach Liebe ist schon Liebe.“ Statt zu klagen, dass ich zu wenig Liebe erfahre, zu wenig Geborgenheit, zu wenig spirituelles Angerührtsein, nehme ich in mir die Sehnsucht danach wahr. Und in der Sehnsucht ist schon das, wonach ich mich sehne. Manche jammern, dass ihre Liebe zu einem andern Menschen nicht erfüllt wird. Sie fühlen sich todunglücklich. Auch da ist es besser, statt sich in das Unerfülltsein zu verbeißen, einfach die Liebe zu spüren, die ich in meinem Verliebtsein wahrnehme. In mir ist schon Liebe. In der Sehnsucht nach dem andern spüre ich mich selbst und die Liebe, die in meinem Herzen ist.

Viele laufen vor ihrer Sehnsucht davon, weil sie meinen, ihre Sehnsucht erzeuge in ihnen nur Schmerz. Sie schauen nur nach dem, was sich nicht erfüllt. Doch die Sehnsucht hat eine eigene Qualität. Sie macht uns lebendig und weit. Ohne Sehnsucht verliert die menschliche Seele ihre Spannkraft.

Ausgesöhnt

Wenn wir in uns eine Sehnsucht nach etwas Weltjenseitigem spüren, nach einem Ort, der diese Welt übersteigt, dann können wir uns aussöhnen mit der oft so banalen Wirklichkeit unseres Lebens, ohne sie ideologisch verbrämen oder schönreden zu müssen. Dann sind wir nicht enttäuscht, wenn der von uns geliebte Mensch unsere tiefste Sehnsucht nach absoluter Liebe nicht erfüllen kann. Dann überfordern wir unsern Ehepartner nicht mit Erwartungen, die ein Mensch gar nicht erfüllen kann. Ich erlebe immer wieder, wie Menschen von dem, den sie lieben, erwarten, dass er sie heile, dass er sie erlöse und befreie und ihrem Leben einen letzten Sinn schenke. Aber das sind Erwartungen, die kein Mensch erfüllen kann. Die Sehnsucht relativiert unsere Erwartungen an einen Menschen, damit wir fähig werden, menschlich miteinander umzugehen, ihn so zulassen, wie er ist. Dann müssen wir ihn nicht absolut setzen und ihn mit Gott verwechseln, dem er nie gleichen kann.

Begehren

Ein wesentlicher Aspekt der Sexualität ist das Begehren. Emmanuel Levinas hat das Begehren als einen Akt des Freiwerdens von sich selbst verstanden: „Im Begehren richtet sich das Ich auf den anderen; so gefährdet es die selbstherrliche Identifikation des Ich mit sich selbst.“ Das Begehren führt den Mann von sich selbst weg auf die Frau hin. Aber zugleich weiß der Mann, dass sein Begehren nie ganz erfüllt wird. Nach jedem sexuellen Akt entsteht in ihm ein neues Begehren und neues Sehnen nach der Frau und nach dem Einswerden mit ihr. Levinas meint: „Das Begehrenswerte sättigt nicht das Begehren, sondern vertieft es, es nährt mich in gewisser Weise mit neuem Hunger.“ Ich kann es auch so ausdrücken: Jedes Begehren weckt in mir die Sehnsucht nach einer absoluten Liebe, nach noch tieferer Liebe, nach der dauerhaften Erfahrung von Schönheit, Ekstase und Einswerden.

Größer als wir selbst

Das Begehren wird nie ganz erfüllt. Es weckt immer wieder unsere Sehnsucht nach einer noch größeren Liebe. Diese Sehnsucht hält unsere Liebe lebendig. Und sie befähigt uns auch, den anderen zu lieben, wenn er oder sie meinen Erwartungen oder Ansprüchen nicht genügt. Der Partner oder die Partnerin kann nie ganz meine Sehnsucht erfüllen. So ist die Sehnsucht einerseits die Kraft, die mich immer wieder antreibt, mich meiner Frau hinzugeben und die Liebe neu zu erleben. Andererseits will mich die Sehnsucht über die Liebe zur Frau hinaustragen – in die unendliche göttliche Liebe hinein. Die Sehnsucht kann durch die Frau oder den Mann nie ganz gestillt werden. In ihr ist immer schon der Verweis auf Gottes Liebe, in der meine Liebe zur Frau zur Vollendung kommt. Das bedeutet aber nicht, dass ich mit meiner Sehnsucht die konkrete Liebe zum Partner überspringe. Die Erfahrung der erotischen und sexuellen Liebe stachelt immer wieder meine Sehnsucht nach der unbegrenzten göttlichen Liebe an. Und die Sehnsucht nach der göttlichen Liebe lässt mich zufrieden sein mit der konkreten Liebe, wie sie zwischen uns erfahrbar ist. Wir sind dankbar für das, was wir einander schenken. Und wir verweisen uns gegenseitig in jedem Liebesakt und in der alltäglichen Liebe auf die Liebe, die größer ist als wir selbst.

Aufleuchten des Göttlichen

Es liegt ein eigenartiger Glanz auf der Dichtung des zu früh verstorbenen romantischen Dichters Novalis. Als er mit fünfundzwanzig Jahren seine Braut verlor, nahm er innerlich von dieser Welt Abschied und sehnte sich danach, seiner Geliebten in den Tod zu folgen. Seine Dichtung ist geprägt von dieser Sehnsucht nach der anderen Welt:

„Hätten die Nüchternen
Einmal gekostet,
Alles verließen sie,
Und setzten sich zu uns
An den Tisch der Sehnsucht,
Der nie leer wird.
Sie erkennten der Liebe
Unendliche Fülle,
Und priesen die Nahrung
Von Leib und Blut."

Novalis lädt also seine Leser ein an den Tisch der Sehnsucht. Am Tisch der Sehnsucht erkennen sie die unendliche Fülle der Liebe, die unserem Leben erst seinen wahren Glanz verleiht. Wer von dieser Liebe gekostet hat, der lässt alles Äußere hinter sich, seinen Beruf, seinen Besitz, um sich an den Tisch der Sehnsucht zu setzen. Die Sehnsucht nach dieser Liebe klingt in vielen Worten auf, die Novalis uns als Fragmente hinterlassen hat. Da sagt er von den Märchen: „Alle Märchen sind nur Träume von jener heimatlichen Welt, die überall und nirgends ist.“ Die heimatliche Welt, das ist die Welt der Liebe. In jeder menschlichen Liebe leuchtet die göttliche Liebe auf. Und nur wo diese göttliche Liebe in menschlicher Liebe aufscheint, ist Heimat.

Aufleuchten

Auf Dauer

Die Liebe wird nur auf Dauer lebendig bleiben, wenn die beiden Partner sich nicht nur ständig in die Augen schauen, sondern über sich hinaus auf ein gemeinsames Ziel sehen. Dieses Ziel darf aber nicht zu klein gefasst werden. Letztlich muss es ein Ziel sein, das über die beiden hinausweist.

Wenn ich immer nur auf den anderen schaue, werde ich entweder zum Kontrolleur oder zum beobachtenden Analysierer – oder aber es wird langweilig. Damit eine Beziehung gelingt, darf man sich gerade nicht ständig anschauen, sondern muss gemeinsam in die gleiche Richtung blicken. Das meint: Man sollte entweder grundlegende Werte teilen oder gemeinsame Ziele im Blick haben. „Die gleiche Richtung", das kann ein Projekt sein, wie etwa das Projekt der Familie mit Kindern. Oder es kann eine gemeinsame Aufgabe sein, die zwei Menschen auch innerlich verbindet. Aber auch solche Richtungen sind bald ausgeschöpft. Es braucht noch mehr: eine Richtung, die nicht abgeschritten werden kann, die einen unendlichen Raum eröffnet. Das ist die Richtung der Transzendenz.

11. Der Quell aller Liebe

Wie Liebe gelingt

Letztlich können nur Güter unsere Sehnsucht stillen, die über diese Welt hinausweisen und hinausreichen. Wer sich nach Liebe sehnt, sehnt sich nicht nur nach einem konkreten Menschen, der ihn liebt und den er zu lieben vermag. Letztlich steckt in der Sehnsucht nach Liebe immer schon die Ahnung einer unendlichen Liebe, die mehr ist als Lieben und Geliebtwerden. Es ist die Sehnsucht danach, Liebe zu *sein*. Wer Liebe *ist*, der hat teil an der Wirklichkeit des Absoluten.

Vom Wesen her Liebe

Liebe ist göttlich. Gott ist die Liebe. Wer in Gott ist, der ist auch in der Liebe. Und umgekehrt gilt auch: „Wer in der Liebe bleibt, der bleibt in Gott, und Gott bleibt in ihm“ (1. Joh, 4. 16). Aber es genügt nicht, die göttliche Gabe der Liebe zu genießen. Wir müssen diese Liebe auch zu den Menschen und zur Welt hin fließen lassen. Wir müssen ihr durch neue Verhaltensweisen Ausdruck verleihen. Sonst stirbt sie ab. Sonst ersticken wir am Gefühl der Liebe. Die Liebe muss strömen, damit sie lebendig bleibt.

Wenn wir Liebe in uns spüren, dann haben wir etwas von Gott verstanden, dann haben wir teil an Gott. Und diese Liebe lässt es uns aushalten in der Welt, in der so vieles ist, was wir nicht verstehen und nur schwer akzeptieren können.
Gott ist die Liebe, die uns umgibt und die in uns ist. Er ist das unbeschreibliche Geheimnis, das uns in allem aufscheint. Er ist ein Du, das uns gegenübertritt. Und er ist der Geist, der auf dem Grund unserer Seele in uns ist wie eine Quelle, die unaufhörlich sprudelt und uns mit Frische und Lebendigkeit erfüllt.

Kein Gegensatz

Die Liebe zu Gott und zu den Menschen ist kein Gegensatz. Ich muss mich nicht entscheiden, ob ich Gott liebe oder die Menschen. Vielmehr liebe ich nur dann Gott, wenn ich auch die Menschen liebe. Und umgekehrt gilt: wenn ich einen Menschen wirklich liebe, dann erfahre ich darin als Tiefe dieser Liebe auch die Liebe zu Gott, der meine tiefste Sehnsucht nach Liebe allein und für immer zu erfüllen vermag.

Liebesduft

Gottes Liebesduft

Der persische Sufipoet Rumi hat einmal gesagt, dass der Atem Gottes Liebesduft ist. Dieses Bild hat mir geholfen, im eigenen Atem die Liebe Gottes zu erfahren. Ich stelle mir vor, wie im Atem Gottes Liebe in mich einströmt und in alle Bereiche meines Leibes und meiner Seele eindringt. Indem ich mit meinem Bewusstsein dem Atem folge, spüre ich die Beziehung zu Gott leibhaftig. Gottes Liebe strömt in mich ein und wird im Atem erfahrbar. Wenn ich tagsüber die Beziehung zu Gott nicht spüre, dann hilft es mir, wenn ich wieder bewusst ein- und ausatme und mir vorstelle, dass jetzt in diesem Atemzug Gottes Liebe in mich einfließt. Durch diese Vorstellung – verbunden mit dem Atem – kann ich dann für einen Augenblick lang die Beziehung zu Gott wieder spüren.

Erfüllte Sehnsucht

In ihm, der Liebe ist, wird all unsere Sehnsucht erfüllt werden, die wir hier während unseres Lebens spüren und die in diesem Leben nicht erfüllt werden kann. Wie diese Erfüllung konkret aussieht, darauf gibt es keine theoretische Antwort und nichts, was man als nachprüfbares Wissen vermitteln könnte. Diese Erfüllung können wir nur in Bildern beschreiben, wie sie uns die Bibel und die geistliche Tradition anbieten. Diese Bilder beschreiben das Leben nach dem Tod als Hochzeitsmahl, als ewiges Fest, als Anschauung Gottes, als ewige Ruhe. Auch hier ist festzuhalten: All das sind Bilder für etwas, was wir letztlich nicht mehr mit Worten beschreiben können. Bilder sind aber nicht ohne Bedeutung und Sinn. Sie sind ein Fenster, durch das wir in die richtige Richtung schauen. Aber was wir schauen, das übersteigt unser Vorstellungsvermögen. So verschieden die Bilder sind: hinter ihnen allen steht im Kern eine gemeinsame Überzeugung: Wir dürfen vertrauen, dass wir im Tod für immer mit Gott eins sein und in ihm zu unserem wahren Wesen finden werden.

Alles durchdringend

Gott ist der Grund, der alles durchdringt, der Geist, der alles durchgeistet, die Energie, die in allem fließt, die Liebe, die alles durchwirkt. Gott trägt die Welt und durchdringt die Welt. Er ist außerhalb von mir und zugleich in meinem Herzen. Er ist in der Welt und zugleich über der Welt. Manchmal muss ich mich von der Welt zurückziehen, um ihn in der Stille wahrzunehmen. Aber wenn ich sensibel genug bin, kann ich ihn überall wahrnehmen. Das apokryphe Thomasevangelium, ein gnostischer Text aus dem zweiten Jahrhundert, überliefert uns ein Wort Jesu, das lautet: „Ich bin das Licht, das über allem ist. Ich bin das All. Aus mir ist das All hervorgegangen, und zu mir ist das All gelangt. Spaltet ein Stück Holz – ich bin da. Hebt den Stein auf, und ihr werdet mich dort finden."

Das Ende der Zerrissenheit

Ohne sich dem Transzendenten zu öffnen, verschließt sich der Mensch in sich selbst und geht an seiner eigenen Enge und Begrenztheit zugrunde. Im Einssein mit Gott wird der Mensch eins mit sich selbst, mit der Schöpfung und mit allen Menschen. Da hört seine Zerrissenheit auf, und er erahnt, was das Geheimnis jeder Beziehung ist: eins zu werden mit dem andern und darin in Einklang zu kommen mit sich selbst und mit dem Leben.

Himmel

In uns – der Himmel

Angelus Silesius sagt in einem Vers: „Der Himmel ist in Dir. Was suchst Du ihn denn erst bei eines andern Tür?“ Damit hat er eine andere Gefahr im Blick. Wir meinen, der andere könne für uns zum Himmel werden. Wenn wir verliebt sind, haben wir den Eindruck, wir würden im siebten Himmel schweben. Liebe kann zur himmlischen Erfahrung werden. Doch wenn wir die Liebe immer nur vom andern erwarten, dann sind wir todunglücklich, wenn der andere unsere Liebe nicht erwidert. Die Liebe ist in uns. Und in der Liebe ist der Himmel in uns. Wenn die Liebe erwidert wird, dürfen wir dankbar sein. Aber auch wenn der andere nicht die gleiche Liebe für uns empfindet, wie wir für ihn, gehört die Liebe, die wir empfinden, uns selbst. Und dort wo die Liebe in uns ist, ist der Himmel. Wir sollten uns nicht völlig vom andern abhängig machen. Wenn wir den Himmel nur vom andern erwarten, werden wir ihn überfordern und den Himmel niemals finden. Wir brauchen sowohl den Blick nach oben, um das Geheimnis der Weite des Himmels und der Andersartigkeit Gottes zu erahnen. Aber wir brauchen auch den Blick nach innen, um den Himmel dort zu erkennen. Dann können wir uns manches Laufen und Hasten und Abrackern ersparen. Denn der Himmel ist schon in uns.

Wortloser Raum

Als ich mit einer buddhistischen Nonne und Zen-Meisterin über die Erfahrung des inneren Raumes sprach, meinte sie, Liebe sei zu anstrengend. Sie verstand unter Liebe ein Gefühl. Sie meinte daher, dass man tiefer gehen müsse in einen Raum der Indifferenz, in dem alles gleich sei. Für mich ist es durchaus der Raum der Liebe, aber Liebe ist nicht ein Gefühl, sondern eine Qualität des Seins. Der Raum ist vom Geist Jesu erfüllt, der Liebe ist, göttliche Liebe, eine Kraft, eine Dimension des Seins, jenseits aller Gefühle. Ich muss mich also nicht zu Gefühlen zwingen, vielmehr will mich das Wort, in dem der Geist Jesu mitschwingt, in das wortlose Geheimnis der Stille in mir führen. Doch dieser wortlose Raum ist nicht einfach leer, sondern erfüllt von der Qualität der Liebe, von der göttlichen Liebe, die nicht in erster Linie ein Gefühl, sondern eine Kraft ist, die mich wandelt und die eine Atmosphäre von Wärme und Barmherzigkeit erzeugt.

Maßloses Maß

Bernhard von Clairvaux weiß: Gott kann nicht anders als lieben. Um über die Liebe des Menschen zu Gott zu sprechen, fordert er daher seine Hörer auf, nicht nur im Buch der Schöpfung oder im Buch der Bibel zu lesen, sondern auch in dem der eigenen Erfahrung: Die Erfahrung der menschlichen Liebe macht uns offen, das Geheimnis der göttlichen Liebe zu verstehen. Sein berühmtes Buch über die Liebe zu Gott beginnt er mit den markanten Worten: „Der Grund, Gott zu lieben, ist Gott. Das Maß ist, ohne Maß zu lieben.“

Durch alle Stufen der Liebe hindurch, durch die begehrliche Liebe, durch die Liebe, die auf Gegenliebe wartet, soll der Mensch zur reinen Liebe vordringen, die Bernhard in der klassischen Formel beschreibt: „Ich liebe, weil ich liebe; ich liebe, um zu lieben.“

Finden und Suchen

Indem ich ihn suche, wird meine Sehnsucht nach ihm immer stärker. Es ist letztlich die Liebe zu Gott, die mich antreibt, Gott zu suchen und ihn zu finden. Und dass ich ihn gefunden habe, treibt mich an, ihn noch mehr zu lieben. Suchen und Finden hören aber nie auf. Ich werde ihn nie so finden, dass ich nicht mehr suchen muss. Indem ich ihn finde, entzieht er sich mir erneut. Aber im Finden, im Ertasten, im Erhaschen Gottes wächst meine Liebe zu ihm. Und die Liebe stachelt meine Sehnsucht an. So beginne ich von neuem, sehnsüchtig nach Gott zu suchen.

12. Stärker als der Tod ist die Liebe

Mitten in der Trauer

Die Liebe stärker ist als der Tod. Das ist die Botschaft von der Auferstehung Jesu. Dass das keine leere Botschaft ist, zeigen auch die Briefe, die Widerstandskämpfer im Dritten Reich an ihre Frauen kurz vor ihrem Tod geschrieben haben. Diese Männer waren überzeugt, dass die Henker ihnen zwar das Leben nehmen können, aber nicht die Liebe zu ihren Frauen. Und sie vertrauten darauf, dass sie sich einst wieder sehen werden und dass dann ihre Liebe vollendet würde.

Dass nicht nur die Männer an den Sieg der Liebe über den Tod glaubten, das wird deutlich in dem Brief, den Freya an ihren Mann Helmuth James von Moltke schrieb, der im Januar 1945 zum Tod verurteilt im Gefängnis auf seinen Henker wartete: „Mein Herz, ich glaube genau zu wissen, wie es in Dir aussieht, ich bin zwar weit hinter Dir zurück und werde es bleiben, aber deshalb gehöre ich doch zu dir und so bleibt es auch für immer. Ich werde leben müssen und das wird schwer werden, aber es wird gehen, denn ich werde Dich weiter lieben dürfen. Ich werde Dich in Gott lieben und Dich so nicht stören auf den Wegen, die Du gehen wirst, und Gott werde ich mehr und besser lieben als bisher. Du musst aber bitte in der Gewissheit sterben, dass ich außer Gott nur Dir gehöre."
Die junge Frau – Freya ist beim Tod ihres Mannes noch keine 34 Jahre alt - weiß um den Schmerz, ohne ihren Mann weiter leben zu müssen. Aber sie vertraut darauf,

dass es ihr gelingt. „Denn ich werde Dich weiter lieben dürfen.“ Der Tod hindert sie nicht daran, ihren Mann weiterhin zu lieben. Sie wird ihn in ihrer Liebe nicht festhalten. Sie wird ihn in Gott lieben. Und so wird ihre Liebe zu Gott vertieft. Ihre Liebe zu ihrem Mann erinnert sie immer wieder daran, dass er jetzt in Gott ist. Und so verbindet die Liebe zu ihrem Mann sie auch mit Gott. Ihr verstorbener Mann wird ihr zum Begleiter auf ihrem Weg zu Gott.

Der Brief Freyas kann vielen Frauen, die ihren Mann durch den Tod verloren haben, zum Trost werden. Viele sind verzweifelt. Sie haben den Eindruck, das Wertvollste und Liebste, das ihr Leben ausgemacht hat, ist ihnen genommen worden. Sie finden keinen Boden mehr unter den Füßen. Die Gedanken der jungen Gräfin können ihnen diesen Schmerz nicht nehmen. Aber sie können Hoffnung schenken: dass die Trauer ein Ziel hat, dass die Liebe weiter geht, auf andere Weise, aber doch auf eine Weise, die ihrem Leben Sinn gibt. In der Liebe zu ihrem verstorbenen Mann können sie eine neue Weise der Liebe zu Gott entdecken und erkennen, dass ihnen die Liebe zu ihrem Mann nicht genommen, sondern nur verwandelt werden kann. Dieses Vertrauen, das die Gräfin in ihrem Brief ausgedrückt hat, könnte Trost verleihen. Trost heißt ja: Festigkeit. Mitten in der Trauer, in der meine Füße wanken, bekomme ich wieder Boden unter den Füßen, vermag ich mich wieder dem Leben zu stellen. Die Liebe, die Himmel und Erde verbindet, wird zum Boden, der mir festen Halt verleiht.

Für immer im Haus der Liebe

Wir können die Grenze unseres Todes nur annehmen, wenn wir wissen, dass in uns zugleich etwas ist, das durch diese Grenze nicht beschränkt werden kann. Dieses Grenzenlose in uns ist die Liebe. Die Liebe überschreitet die Grenze des Todes. Aber sie akzeptiert zugleich diese Grenze.

Im Tod überschreiten wir endgültig die Schwelle zum ewigen Leben, zum göttlichen Leben. Da werden wir für immer im Haus des Lebens und im Haus der Liebe wohnen.

Ewigkeit in meiner Seele

„Was kümmert mich die Dürre Sonne?
Ich schaffe die blaue Quelle in meinem Innern.

Schnee oder Licht – was tut's ?
Ich schaffe in meinem Herzen die rotglühende
Schmiede.

Was kümmert mich menschliche Liebe?
Ich schaffe der Liebe Ewigkeit in meiner Seele."

In diesem Gedicht von J. R. Jimenez wird deutlich, was es heißt: mit den eigenen inneren Quellen in Berührung kommen. Mit meiner Vorstellungskraft kann ich in mir eine eigene Welt schaffen. Und die kann genauso wirklich und wirksam sein wie die äußere Welt, die mich überfordert oder traurig stimmt. Es gibt Menschen, die ständig über ihre Einsamkeit klagen und die das Gelingen ihres Lebens von der Zuwendung anderer abhängig machen. Jimenez zeigt einen anderen Weg: Ich kann in meiner Seele der Liebe einen Ort der Ewigkeit schaffen. Das heißt: Ich fixiere mich nicht auf den Mangel an Liebe, an dem ich leide. Ich schaue nicht nach anderen aus, um zu fragen, ob sie mich lieben oder nicht. Ich kann mir aber vorstellen, dass in mir eine Quelle göttlicher Liebe ist, die nie versiegt, nie aufhört, die ewig ist. Diese Vorstellung befreit mich von der Lähmung durch die Fixierung auf die Nichterfahrung von Liebe.

Du, du wirst nicht sterben

Der Philosoph Gabriel Marcel meint einmal von der Liebe: „Lieben heißt zum andern sagen: Du, du wirst nicht sterben." In jeder Liebe ist die Ahnung, dass die Liebe stärker ist als der Tod. Und es ist Überzeugung der Christen, dass wir uns im Tod wieder sehen werden. Es gibt Briefe von Widerstandskämpfern im Dritten Reich, die vor ihrer Hinrichtung an ihre Frauen und Kinder voller Vertrauen geschrieben haben: „Wir werden uns wieder sehen." Sie waren überzeugt, dass die Henker zwar ihr Leben vernichten konnten, aber nicht ihre Liebe. Ihre Liebe überdauerte den Tod. Der Tod trennte die Liebenden nur leiblich, aber er konnte die Liebe nicht zerstören. Und diese Liebe wird ihre Vollendung in der Ewigkeit finden.

Wir dürfen also vertrauen, dass unser Personsein im Tod bleiben wird. Allerdings dürfen wir unser Personsein nicht mit dem Ego verwechseln. Das Ego wird im Tod zerbrechen. Bleiben wird unser wahres Wesen, unser innerster Kern, unser Selbst. Wie das genau aussehen wird, das können wir nicht sagen. Wir müssen bei all dem, was wir über den Tod und die Ewigkeit aussagen können, immer wissen, dass unsere Worte nur Bilder sind für das Unsagbare und Unbegreifliche.

Ohne Ende

In seinem „Gottesstaat“ wagt Augustinus eine Formulierung über das Leben nach dem Tod: „Dort werden wir ausruhen und sehen, sehen und lieben, lieben und loben. Das ist das Wesen des Endes ohne Ende. Denn welches Ende entspräche uns mehr als in das Reich zu kommen, das kein Ende kennt?“ Im Wissen, dass die christliche Tradition immer gewusst hat, dass alle Versuche nicht angemessen sind, das auszudrücken, was uns im Untergang des Todes neu aufgeht, können wir in dieser Richtung, die uns die christliche Tradition angibt, doch denken und glauben, dass es die Liebe ist, die uns im Tod begegnen wird.

Stärker

In allen Menschen aller Religionen und Kulturen ist diese Hoffnung da, dass die Liebe stärker sei als der Tod. Im Alten Testament heißt es im Hohenlied der Liebe: „Stark wie der Tod ist die Liebe, die Leidenschaft ist hart wie die Unterwelt.“ (Hld 8,6) Nun könnte man sagen, diese Hoffnung sei eine emotionale Hilfe für die Menschen. Mit dieser Hoffnung können sie an ihrer Liebe festhalten. Doch wenn die Hoffnung ein bloßer Trick ist, damit die Menschen lieben können, dann wäre das zu wenig. Es ist eine Frage der Entscheidung, ob wir unserer Hoffnung trauen oder ob wir sie nur als psychologischen Trick der Natur ansehen. In der Hoffnung liegt zumindest das Vertrauen, dass sie nicht ins Leere geht, sondern der Wirklichkeit entspricht. Aber beweisen kann man das nicht. Das ist Sache des Glaubens.

Natürlich ist die Alternative denkbar: dass nicht die Liebe, sondern der schweigende Unsinn die letzte Realität ist. Aber wenn ich diese Alternative zu Ende denke, mit allen Konsequenzen, dann steigt in mir ein tiefes Gefühl hoch, dass es so nicht sein kann. Oder zumindest kann ich mir vorsagen: „In dieser Welt, wo alles letztlich Unsinn ist, will ich nicht leben. Ich entscheide mich für eine andere Welt, für die Welt, in der die Liebe die letzte Realität ist.“ Ob diese Entscheidung der Wahrheit entspricht, werde ich immer wieder in meinem Leben erfahren. Ich lebe mit dieser Entscheidung und beobachte mich, wie es mir mit dieser Entscheidung geht. Und ich habe den Eindruck, dass es mir damit besser geht als mit der gegenteiligen Entscheidung. Aber ich werde auf diesem Experimentierweg immer wieder auch Bestätigungen erfahren, dass das Experiment der Wirklichkeit gerecht wird. Wenn ich mitten in meiner Einsamkeit, in meiner Traurigkeit, in meiner Verzweiflung auf dem Grund meiner Seele eine Quelle von Liebe spüre, dann weiß ich: Es stimmt. Die Liebe ist der letzte Grund meines Lebens, der Grund, auf den ich setzen kann. Es ist letztlich ein göttlicher Grund. Es ist nicht nur das Gefühl meiner Liebe, sondern die Liebe als Qualität des Seins, die Liebe als göttliche Qualität.

Endgültig

Erlösung – im Tod wird sie endgültig sein. Mein Glaube ist: Da werden alle Fesseln gelöst. Da werde ich ganz frei und ganz echt und nur noch reine Liebe sein. Da werde ich für immer eins mit Gott und mit mir selbst und mit all den Menschen, die ich je geliebt habe. Da erlebe ich in der Grenze zu Gott gleichzeitig die göttliche Aufhebung aller Grenzen. Die Hoffnung auf die endgültige Erlösung bedeutet kein Überspringen dieser Welt. Im Gegenteil: Hoffnung hat jetzt und hier schon erlösende Kraft. Denn sie befreit mich schon hier von aller Angst und lässt mich daher die Gegenwart und meinen Alltag anders erleben. Ich bin frei, selbst lösend zu wirken und heilend auf andere zuzugehen. Ich selbst bin in der Lage, die Fesseln anderer zu lösen und befreiende Liebe in die Welt hinein zu tragen. Indem ich die Grenze des Todes als Einladung zu einem intensiven Leben hier und jetzt erfahre, kann ich gelassen und dankbar für jeden Augenblick sein.

Spuren hinterlassen

Die Frage ist: Was könnten wir als Zeichen unserer Liebe hinterlassen? Das ist nicht moralisch gemeint, so als ob wir besonders viele Akte der Liebe hinterlassen müssten. Aber die Ahnung, dass wir ja von Gott kommen und wieder zu ihm zurückkehren, könnte uns dazu befreien, hier in dieser Welt Spuren einer Liebe zu hinterlassen, die sich verschenkt, einer Liebe, die sich herabbeugt zu den Füßen unserer Brüder und Schwestern, einer Liebe, die sie an ihrer verwundbaren Stelle berührt, um sie dort von Gottes Liebe heilen und verwandeln zu lassen. Wenn wir überlegen, was wir als Vermächtnis den Menschen hinterlassen möchten, was wir mit unserem Leben eigentlich ausdrücken möchten, dann werden wir nicht mehr um unsere Krankheit und unsere Einsamkeit kreisen, dann wird uns das Geheimnis unseres Lebens aufgehen, dass wir endliche Menschen sind, die auf ihrem kurzen Weg in dieser Welt Spuren einer Liebe hinterlassen möchten, die den Menschen nach uns den Weg in neue Dimensionen weisen, in die Dimension der göttlichen Liebe, die schon unser eigenes Leben verwandelt und ihm einen unendlichen Sinn schenkt.

Verwandlung

Aus der Hand Gottes können wir auch durch den Tod nicht fallen. Wenn der Partner vor uns stirbt, wird er uns vom Himmel aus weiter begleiten. Die Liebe wird nicht zerstört, sie wird nur verwandelt. Die Liebe ist stärker als der Tod. Sie wird den Tod überdauern. Und der Tod des Partners wird für uns zur Herausforderung, unser wahres Selbst zu entfalten. Wir sind nicht nur Ehepartner, wir sind auch wir selber, einmalig und einzigartig. Wir dürfen vertrauen, dass wir dann neue Seiten in uns entfalten werden. Und wir dürfen vertrauen: Wir werden uns wieder sehen. Wir werden den Partner nicht für immer verlieren, sondern immer nur auf Zeit.

Für immer daheim

Jeder, der stirbt, nimmt etwas von uns mit. Das, was wir mit ihm geteilt haben an Liebe, an Freude, an Zeit, das nimmt er mit. Und er schmückt damit gleichsam die Wohnung, in die wir hinein sterben werden. Wir werden also nicht in das Dunkle und Unbekannte hinein sterben, sondern in eine liebevoll vorbereitete Wohnung, in der wir für immer daheim sein werden.

Darauf hoffe ich

Meine Sehnsucht und meine Hoffnung beziehen sich auf eine menschliche Gemeinschaft, in der Gottes Liebe herrscht und nicht der Profit. Sie beziehen sich darauf, dass wir in seiner Herrschaft Freiheit erfahren vom Missbrauch der Macht. Ich hoffe und ersehne, dass das Reich Gottes in jedem Einzelnen ankommt, damit er ganz er selbst werden kann, damit er frei wird von der Herrschaft des eigenen Über-Ichs. Ich hoffe und ersehne, dass dieses Reich in einem neuen Miteinander sichtbar wird. Und dass dieses Reich auch in der Beziehung zwischen Mensch und Kosmos sichtbar wird, in einer Schöpfung, die die Schönheit des Schöpfers widerspiegelt.

Meine Sehnsucht vertraut auf eine neue Spiritualität, die die Menschen berührt und mit ihren inneren Quellen in Berührung bringt. Die sie aus dieser inneren Quelle leben lässt, damit sie geben können, ohne sich zu verausgaben, damit sie an dieser neuen Welt arbeiten, ohne zu resignieren und mitten in der Welt etwas vom Geschmack Gottes verbreiten.

Ich sehne mich auch nach einer Sprache, die verbindet, einer Sprache, die aufweckt, einer Sprache, die ein neues Miteinander ermöglicht, einer Sprache, die das Unaussprechliche ausspricht, das Unhörbare hörbar macht. Ich wünsche mir eine Sprache, die Leben weckt und aufrichtet, die ermutigt, klärt und befreit.

Ich hoffe, auf eine Menschengemeinschaft, die einen Raum schafft, in der Gebeugte sich aufrichten, Aussätzige sich annehmen, Gelähmte gehen, Blinde sehen

und Erstarrte und Tote wieder aufstehen zum Leben.
Und ich glaube, dass in unserer so unerlösten Welt Heil und Erlösung wirksam werden, unsere Wunden geheilt und zu Perlen verwandelt werden und dass Gott unsere Verletzungsgeschichte verwandelt in eine Geschichte des Aufgebrochenwerdens für das Heil.
Ich hoffe auf eine neue Erde und einen neuen Himmel, auf eine neue Schöpfung, nicht erst nach meinem Tod, nicht erst am Ende der Welt, sondern jetzt schon. Darauf, dass Gott auch in unseren Tagen Neues schafft, ein neues Miteinander, einen neuen Ausgleich zwischen den Menschen.
Ich hoffe, dass wir zu uns selbst finden, zu seinem wahren Selbst, zu dem unverfälschten und ursprünglichen Bild, das Gott sich von jedem gemacht hat.
Ich hoffe, dass dadurch Hoffnung in den Herzen der Menschen geweckt wird, Versöhnung, Frieden und Liebe.
Ich hoffe, dass die Menschen, die sich selbst entfremdet sind, eine Liebe erfahren und leben, die nicht mehr vermischt ist mit Besitzansprüchen, eine Liebe, die strömt und die Menschen verzaubert, die einen neuen Geschmack des Lebens hinterlässt.
Ich hoffe, dass die Liebe nicht erkaltet, sondern überströmt.
Ich hoffe auf eine Liebe, die den Tod besiegt.

Quellen

Die Texte wurden nachfolgend aufgeführten Veröffentlichungen von Anselm Grün entnommen. Die Seitenzahlen verweisen auf ihr Vorkommen in der vorliegenden Ausgabe. Die nicht verzeichneten Seiten sind Originalbeiträge. Die den angegebenen Quellen entnommenen Texte wurden zum Teil sprachlich neu gefasst.

Anselm Grüns Buch der Antworten, hg. von Anton Lichtenauer, 3. Auflage 2008: S. 16 f, 50, 57, 76, 93, 110, 133 (2), 134, 136 f, 148-152, 155.

Das kleine Buch der Engel: S. 13.

Was soll ich tun? Antworten auf Fragen, die das Leben stellt, hg. von Anton Lichtenauer, 2. Auflage 2009: S. 32 (2), 92, 116 f, 120.

Mit Anselm Grün zur inneren Balance finden, hg. von Anton Lichtenauer, 4. Auflage 2008: S. 43, 63.

Das Buch der Lebenskunst, 9. Auflage 2010: S. 36, 39, 54 (1), 67 f, 79, 95, 138, 153.

Grenzen setzen – Grenzen achten. Damit Beziehungen gelingen – Spirituelle Impulse, 5. Auflage 2010: S. 42 (1), 70, 71, 72 f, 75, 146.

Fünfzig Helfer in der Not. Die Heiligen fürs Leben entdecken, 8. Auflage 2008: S. 37 f, 51, 52 (2).

Quellen innerer Kraft. Erschöpfung vermeiden – positive Energie nutzen, 5. Auflage 2010: S. 24, 54 (2), 147.

Das Glück der Liebe. Im ABC der Lebenskunst, 2007: S. 62.

Wege durch die Depression. Spirituelle Impulse, 2008: S. 49, 61 (2).

Einfach-leben-Brief von Anselm Grün, hg. von Rudolf Walter, 2006 ff: S. 18, 43 (1), 48, 58, 60, 61 (1), 124, 139.

Buch der Sehnsucht (jetzt unter dem Titel: Bleib deinen Träumen auf der Spur), 9. Auflage 2010: S. 15, 45, 125, 128 f, 132, 142, 156 f.

Vertrauen. Spüre deine Lebenskraft, hg. von Anton Lichtenauer, 2. Auflage 2009: S. 13 (2).

Was die Liebe nährt. Beziehung und Spiritualität, Kreuz-Verlag, 2010: S. 42 (2), 46 f, 66, 74 f, 77, 80, 82-87, 91, 94, 96-107, 111-115, 118, 121 f, 126 f, 130, 135.

Vom Zauber der Liebe, Kreuz-Verlag 2007: S. 12, 27-29, 56, 133 (1).

Öffne dein Herz für die Liebe, Kreuz: S. 19, 22 f, 25 f, 30 f, 32 (1), 33.

Glückseligkeit. Der achtfache Weg zum gelingenden Leben, 2007: S. 44, 55, 59, 69.

Gesund mit Leib und Seele, Kreuz-Verlag: S. 52 (1), 90, 154.

Mystik. Den inneren Raum entdecken. 2. Auflage 2010: S. 32 f.